장로회신학대학교 신약성경공부 교재 7

고린도전서
(인도자용)

최재덕 · 박상진 · 이연길 지음

장로회신학대학교출판부

2010

장로회신학대학교 신약성경공부 교재 7 (인도자용)

고린도전서

초판 인쇄 / 2010년 8월 15일
초판 발행 / 2010년 8월 25일

지은이 / 최재덕 · 박상진 · 이연길 지음
발행인 / 장영일
펴낸곳 / 장로회신학대학교출판부
등록 / 제4-33호
주소 / 143-756 서울시 광진구 샘말길 23(광장동 353)
전화 / (02) 450-0795
팩스 / (02) 450-0797
E-mail / ptpress@pcts.ac.kr

ISBN / 978-89-7369-253-8 94230
ISBN / 978-89-7369-207-1 (세트)
값 13,000원

고린도전서

(인도자용)

PCTS New Testament Bible Study: Volume 7

1 Corinthians

Leader's Edition

Choi, Jae Duk · Park, Sang Jin · Lee, Yeon Gil

Presbyterian College and Theological Seminary Press

2010

발간사

성경의 소중함과 성경공부의 가치는 아무리 강조해도 지나치지 않을 것입니다. 성경에서 우리는 생명보다 소중한 하나님의 말씀을 들을 수 있을 뿐만 아니라 우리의 참 왕이시며 주인이신 예수님을 만나 뵙고(요 5:39) 삶의 갖가지 역경과 시련 가운데서도 이를 극복할 수 있는 위로와 용기와 지혜를 얻을 수 있기 때문입니다.

20세기의 기적으로 알려진 헬렌 켈러 여사는 독서의 양이나 사상에 있어서도 뛰어난 인물로, 그녀가 삼중고를 극복하고 어둠 속에서 빛을 발하는 승리의 인생을 마감하면서 우리에게 남겨 준 의미 있는 말에 귀를 기울일 필요가 있습니다: "나에게 잃어버린 세계를 되찾게 한 것은 책의 힘입니다. 그 중에서도 내가 가장 애독하는 것은 성경이지요. 나는 어린 소녀 시절부터 언제나 용기와 기쁨을 얻기 위해 성경을 읽었습니다. 나는 하도 많이 읽어서 어떤 곳은 글자(점자)가 문드러져 나갈 정도였습니다. 그것은 내 손가락 끝에서 점자가 닳고 닳았기 때문입니다. 성경은 나의 전 생애의 지침이 되고 위안이 되었습니다. 삼중고를 짊어진 나에게 불굴의 정신을 갖게 한 것은 성경이었습니다. 나는 날마다 성경을 읽을 적마다 기력을 새로 회복하고 포부를 확대해 나갈 수 있었습니다. 그러므로 시간을 내어 성경을 읽고 영을 새롭게 하여야 합니다."

이와 같이 우리에게 삶의 지혜와 명철을 제공해 주는 성경을 그 어느 과목보다도 열심히 공부해야 하는 것은 평생 동안 하나님의 말씀을 선포하고 성경을 가르쳐야 하는 신학도에게 마치 전쟁을 앞두고 군인이 탄환을 충분히 확보해 두는 것과 같고 가뭄에 대비하여 저수지에 수자원을 넉넉히 비축해 두는 것과 비교할 수 있을 것입니다.

우리 장로회신학대학교에서는 이처럼 성경공부의 중요성을 새롭게 인식하여 지난 2007년부터 신학대학원생들이 졸업하기에 앞서 적어도 두 학기 이상 매 학기마다 개설되는 성경공부 과목을 수강할 수 있게 배려하고 있습니다.

이미 출간된 『마가복음』, 『사도행전』, 『로마서』, 『갈라디아서』, 『히브리서』에 이어 **『고린도전서』** 교재도 우리 장로회신학대학교와 대한예수교장로회에 속한 성경공부 전문가들의 노고를 통하여 출간되는데, 아무쪼록 이 교재를 손에 들고 진행하는 성경공부를 통하여 우리 신학도들이 언제 어디서나 성경공부를 자신 있게 이끌 수 있는 노하우를 터득할 수 있게 되기를 기대하며, 그동안 이 교재를 만들기 위해 애써 주신 여러 분들께 진심으로 감사를 드립니다.

2010년 8월 15일

장로회신학대학교 총장 장 영 일

머리말

본 성경공부 교재는 교역 현장에 보다 직접적인 목회실천적 효용가치가 있는 교육을 실현하기 위해 본 대학교 안에 구성된 교육과정개발위원회의 성경교육개발단에서 개발하는 성경공부 교재 시리즈 가운데 하나이다. 본교는 이미 구약성경공부 교재로서 『창세기』(2008.2), 『여호수아 · 사사기』(2008.9), 『이사야』(2009.2), 『시편』(2009.8), 『호세아 · 요엘 · 아모스』(2010.2)를, 신약성경공부 교재로서 『마가복음』(2008.2), 『사도행전』(2008.9), 『로마서』(2009.2), 『히브리서』(2009.8), 『갈라디아서』(2010.2)를 발간한 바 있다. 이번에는 여섯 번째 시리즈로서 구약성경공부 교재 13 『역대상』과 신약성경공부 교재 7 『고린도전서』를 발간하게 되었다.

이 교재는 신구약 각기 세 분의 저자들에 의해 집필되었다. 『역대상』의 공동저자는 본교 구약학 교수인 배희숙 교수님, 상도중앙교회 담임목사인 박봉수 목사님, 효자교회 담임목사인 이하준 목사님이고, 『고린도전서』의 공동저자는 본교 신약학 교수인 최재덕 교수님, 본교 기독교교육과 교수인 박상진 교수님, 본교 객원교수인 이연길 목사님이다. 이 여섯 분의 노고에 깊은 감사의 마음을 전한다.

본 신약성경공부 교재는 본교의 성경공부 교재 시리즈의 다른 교재들과 마찬가지로 인도자용과 학습자용 두 권으로 이루어져 있으며, 12번에 걸쳐서 공부가 진행되는 12개의 과로 구성되어 있다. 제1과는 성경공부 교재와 수업에 대한 안내와 아울러, 공부하고자 하는 성경책에 대한 기본적인 소개를 보여 준다. 그 외의 11개의 과는 모두 공통적으로 1. 본문으로 들어가면서, 2. 본문 읽기, 3. 본문 이해하기, 4. 본문으로 세상 읽기, 5. 삶으로 엮어내기, 6. 마무리하기 등의 순서에 따라 전개된다. 본 교재의 성격은 성서주석학적인 이론적 학문성에 있다기보다는 교회 현장에서의 실천적 적용성에 있다.

본인은 이번에 발간되는 구약성경공부 교재 13 『역대상』과 신약성경공부 교재 7 『고린도전서』가 신학교에서 공부하는 신학도들로 하여금 교회의 목회실천 현장에서 보다 효율적으로 사역을 수행할 수 있도록 준비하는 데 도움을 주는 성경공부 수업의 교재로 유용하게 사용될 뿐만 아니라, 나아가서 한국 교회의 평신도들을 위한 교회 안에서의 성경공부 교재로 널리 사용됨으로써 한국 교회의 평신도 교육을 위해서 크게 기여할 수 있게 되기를 기대한다.

2010년 8월 15일

제4기 교육과정개발위원회 위원장 윤 철 호

목차

과목소개

(1) 신약성경공부 과목 개설 과정과 목적

장로회신학대학교 신학대학원 교육과정개발위원회에서는 신학대학원을 졸업한 사람들이 교역 현장에서 성경공부를 잘 이끌 수 있도록 훈련하기 위해 2008학년도부터 매 학기마다 신약학 분야와 구약학 분야에 각각 한 과목씩 성경공부 과목을 개설하기로 했습니다.

신약학의 경우에는 다음 도표와 같이 여섯 학기의 3년을 한 주기로 하여, 신약성경 27권을 다 다루려면 9년이 걸리도록 계획하였습니다.

구분	주기별배정[1]			장수 합계
	제1주기	제2주기	제3주기	
신약성경공부 1	2.마가복음(16)	1.마태복음(28)	3.누가복음(24)	총 68장
신약성경공부 2	5.사도행전(28)	15.디모데전서(6) 16.디모데후서(4)	11.빌립보서(4) 17.디도서(3)	총 45장
신약성경공부 3	6.로마서(16)	7.고린도전서(16)	8.고린도후서(13)	총 45장
신약성경공부 4	19.히브리서(13)	10.에베소서(6) 12.골로새서(4)	13.데살로니가전(5) 14.데살로니가후서(3)	총 24장
신약성경공부 5	9.갈라디아서(6)	20.야고보서(5) 26.유다서(1) 18.빌레몬서(1)	21.베드로전서(5) 22.베드로후서(3)	총 28장
신약성경공부 6	4.요한복음(21)	23.요한1서(5) 24.요한2서(1) 25. 요한3서(1)	27.요한계시록(22)	총 50장

(2) 신약성경공부교재개발단의 구성과 운영

첫 1년 동안에는 신약학전임교수 한 사람과 기독교교육 전공교수 그리고 현장목회자로서 이 일을 위해 특별히 초빙된 객원교수 한 사람으로 이루어진 신약성경공부교재개발단이 1년에 걸쳐 한 주기의 한 공부교재를 개발하였는데, 전반기에 마련한 교재를 가지고 후반기에 성경수업을 진행하였습니다.

한두 사람이 교재 개발에 너무 오래 매달리지 않도록 1년을 주기로 개발위원을 바꾸어 운영합니다. 이를테면, 2007년 3월부터 시작한 첫 개발단(제1기 개발단)은 2008년

1) 책이름 앞의 숫자는 신약성경에 있는 각 책의 일련번호임.

1학기에 쓸 교재의 초고를 1학기에 만들어 2학기에 그 초고를 다듬기만 하고, 2008년 2학기에 쓸 교재의 초고는 다른 개발단(제2기 개발단)이 2007년 2학기에 만들어 2008년 1학기에 그 초고를 다듬습니다. 이런 식으로 학기마다 두 개발단이 동시에 연구하는 방식으로 할 수 있습니다. 제1-5기 개발단의 과제와 개발일정을 표로 그려 보면, 다음과 같습니다.

	과제	초고 작성	수정 보완
제1기 개발단	2008년 1학기 교재개발	2007년 1학기	2007년 2학기
제2기 개발단	2008년 2학기 교재개발	2007년 2학기	2008년 1학기
제3기 개발단	2009년 1학기 교재개발	2008년 1학기	2008년 2학기
제4기 개발단	2009년 2학기 교재개발	2008년 2학기	2009년 1학기
제5기 개발단	2010년 1학기 교재개발	2009년 1학기	2009년 2학기

다만, 교재 개발의 통일성과 연속성을 고려하여 전기 개발단의 신약학 전임교수와 목회자 가운데서 초빙한 객원교수 한 사람은 바로 그 다음 개발단의 자문위원이 됩니다.

일러두기

1. 제1과에 나오는 "교재와 수업에 관한 안내" 부분을 필히 숙지한 뒤 시작하시기 바랍니다. 또한 학습자들에게도 미리 그렇게 말씀하시기 바랍니다.

2. 이 성경공부교재는 공부에 참여하는 학습자가 스스로 답을 찾는 방식을 취하고 있습니다. 따라서 한 가지 정답이 아닌 다양한 답이 나올 수가 있습니다. 인도자용 교재에 제시된 답은 모범적인 답안의 한 예를 제시한 것뿐이라는 점을 염두에 두시기 바랍니다. 물론, 학습자나 인도자가 질문의 의도를 잘 이해하지 못하거나 잘못 생각해서 전혀 엉뚱한 답을 말할 수 있는 위험성을 피할 수 있게 하는 기능을 하는 것은 사실입니다.

3. 또한 "본문으로 세상 읽기"와 같은 부분은 주관적인 문제이기에 모범답안도 제시하지 않았다는 점을 유념하시기 바랍니다.

4. 인도자용 교재에서 답이 시작되는 부분에는 열쇠표시가 나옵니다. 학습자용 교재에는 물론 답이 제시되지 않습니다.

5. 세 분의 저자가 이 교재를 집필했기에 과에 따라서는 약간씩 다른 부분이 있습니다. 한 예로 참고자료가 나오지 않는 과도 있습니다.

6. 공부하다가 떠오르는 생각이나 질문에 대한 답을 적는 데 편리하도록 질문의 아랫부분을 만들었습니다. 공부하면서 얻은 자료는 별도의 자료집을 만들어 보관하시면 나중에 효과적으로 활용할 수 있을 것입니다.

7. 제시된 공부시간은 상황에 따라 조절할 수 있습니다.

8. 성경공부는 조원들이 서로 얼굴을 맞대고 할 수 있도록 책상과 의자를 배치하여 주시기 바랍니다. 성경공부를 하면서 조원들끼리 친해지고 공동체 의식과 협동심을 갖게 되는 것도 잠재적인 교육 목표라는 점을 유념해 주시기 바랍니다.

9. 성경은 개역개정판을 사용하였기 때문에 가급적이면 수업시간에 이 성경을 가지고 들어오도록 지도해 주시기 바랍니다. 2003년 10월 25일에 출판된 3판 이후의 개역개정판을 사용하시기 바랍니다.

10. 참고자료들은 학생용 교재에는 수록되어 있지 않습니다. 따라서 학습준비를 하다가 이 부분을 학습자들에게 자료로 주는 것이 필요하다고 판단할 경우에는 복사해서 나누어 주시기 바랍니다.

제1과 ○

고린도전서 성경공부 들어가기

고린도의 바울기념교회 • 사진/ 최재덕 교수

제1과 고린도전서 성경공부 들어가기

I. 고린도전서 성경공부 교재와 수업에 관한 안내

1. 교재에 관하여

이 책은 장로회신학대학 고린도전서 성경공부 집필팀(최재덕, 박상진, 이연길)에서 집필한 교재입니다. 2010년 1학기 신대원 신약성경공부 과목의 교재로 사용하면서 그 내용을 수정하고 보완하여 2010년 2학기부터 장신대 신대원 신약성경학 교재로 사용할 것입니다. 이 교재의 1-4과는 최재덕 교수가, 5-8과는 박상진 교수가 그리고 9-12과는 이연길 교수가 집필하였습니다.

(1) 교재의 쓰임: "신대원 성경공부 교재"

이 교재는 고린도전서를 한 학기 수업일정에 맞추어 공부할 수 있도록 만든 교재로 전체 12과로 이루어져 있습니다. 그 중 첫 과는 교재에 관한 소개 및 고린도전서의 입문적인 성격을, 나머지 과는 각 구절에 대한 내용을 공부하는 성격을 띠고 있습니다.

(2) 교재의 목적: "하나님의 말씀과 인격적으로 만남"

이 교재는 그 일차적 목적이 성경을 신학적이고, 객관적으로 탐구하는 것에 있는 것이 아니라, 성경을 공부하면서 하나님의 말씀과 인격적으로 만나, 이를 바탕으로 자신과 교회와 세상을 새롭게 이해하고, 나아가 말씀을 실천에 옮길 수 있을 정도로 변화되도록 돕는 데 있습니다.

(3) 교재의 성격: "학습자 중심 성경공부 교재"

이 교재는 인도자가 학습자에게 고린도전서에 관한 지식을 전달하는 것에 초점을 맞춘 성경공부교재가 아닙니다. 이 교재는 학습자가 소그룹에서 다른 조원들과 함께 성경을 읽고, 탐구하고, 발견하고, 나눌 수 있도록 도움을 주는 "학습자 중심 성경공부" 교재입니다. 따라서 이 교재는 학습자가 스스로 성경을 공부하는 데 도움을 주는 보조적인 교재입니다.

(4) 교재의 범위: "한 과에 하나의 이야기를 깊이 있게 탐구"

이 교재는 말씀을 깊이 탐구하고 인격적으로 만나는 것을 목표로 하여 만든 것이기 때문에, 한 학기 안에 고린도전서 전체의 내용을 처음부터 끝까지 빠짐없이 공부하지는 않고, 한 주에 하나의 이야기를 중심으로 깊이 있게 탐구하며 공부합니다. 그래서 본서는 고린도전서에서 선택된 11개의 이야기와 들어가기, 마무리하기로 구성되어 있습니다.

(5) 교재의 형태: 학습교재와 추가자료

이 교재는 하나의 묶인 책의 형태를 띠지만 추가로 별첨자료들이 제시되기도 합니다. 그러므로 학습자들은 추가로 제시되는 자료를 별도의 자료철에 정리하는 것이 필요한데 장의 구조와 짜임새에 관한 숙제 그리고 수업시간에 다루지 않은 부분을 선택하여 직접 작성한 성경공부 자료를 교재에 추가함으로 학기말에 가서는 교재 외에 별도의 특별한 고린도전서 자료집을 완성하게 됩니다.

2. 수업에 관하여

(1) 수업 진행의 기본적 틀

수업의 진행은 교재의 틀을 기본적으로 따릅니다. 교재는 크게 여섯 부분으로 나누어져 있고, 그것은 다음과 같습니다.

1. 본문으로 들어가면서

이 부분은 본문의 짜임새와 전후 관계를 살피는 것으로 시작됩니다. 학생들은 먼저, 전 시간에 제시된 숙제를 바탕으로 본문의 짜임새와 흐름에 관한 의견을 서로 나누고, 필요시 인도자가 본문의 짜임새와 전후 관계, 앞뒤 본문과의 관련성 등에 관하여 간략히 설명해 줍니다.

2. 본문 읽기

⑴ 읽기

이 단계에서 참가자들은 본문을 반복하여 여러 번 읽고, 본문의 내용을 파악합니다.

⑵ 그리기

본문의 사건으로 더 깊이 들어가기 위해 이 단계에서는 본문의 사건이나 내용을 상상하며 본문의 내용을 재현해 봅니다.

3. 본문 이해하기

⑴ 문단 나누기

본문의 흐름이나 짜임새에 관하여 의견을 교환하며, 해당 본문의 문단을 나누어 봅니다.

⑵ 소 단락을 읽고 이해하기

나누어진 소 단락의 내용을 파악하고, 소 단락 간의 관계와 전체와의 관계를 살핍니다. 본문을 세부적인 깊이까지 이해하기 위하여 제시된 질문에 답하면서 본문 이해를 시도합니다.

(3) 중심 낱말과 개념 찾기

본문의 중심 낱말이나 개념을 찾아보고, 그 의미를 고찰합니다. 그리고 찾은 중심 낱말을 통해서 본문을 이해해 봅니다.

(4) 본문과 관련된 다른 성경구절과의 관계 고찰하기

본문과 관련된 다른 성경의 구절들을 살펴봄으로써 그 개념이나 낱말의 의미를 심화합니다.

(5) 메시지 찾기

위의 탐구를 바탕으로 해서 본문의 메시지를 찾아봅니다.

(6) 본문을 우리의 이야기로 재구성하기

본문을 학습자의 이야기로 재구성해 봅니다.

(7) 휴식

4. 본문으로 세상 읽기

(1) 본문으로 '나' 읽기

본문에 비추어 본 '나'의 문제들을 해석하거나 반성해 봅니다.

⑵ 본문으로 '교회' 읽기

본문에 비추어 오늘날 우리의 '교회'를 해석하거나 반성해 봅니다.

⑶ 본문으로 '사회' 읽기

본문에 비추어 우리 사회와 세계의 문제들을 비추어 봅니다.

5. 삶으로 엮어 내기

⑴ '나'의 삶에 적용하고 실천방안 모색하기

위에서 논의한 "본문으로 '나' 읽기"를 바탕으로 본문을 '나'의 삶에 구체적으로 적용하고 실천할 수 있는 방안을 모색해 봅니다. 특별히 한 주간 자신이 실천할 행동들을 결심해 봅니다.

⑵ '교회' 삶에 적용하고 실천방안 모색하기

위에서 논의한 "본문으로 '교회' 읽기"를 바탕으로 '교회'가 해야 할 실천방안을 모색해 봅니다.

⑶ '사회' 속에 적용하고 실천방안 모색하기

위에서 논의한 "본문으로 '사회' 읽기"를 바탕으로 '사회' 개혁을 위해 실천되어야 할 방안을 모색해 봅니다.

6. 마무리하기

⑴ 다음 수업 본문 예시, 숙제 제시

(2) 기도로 마무리하기

(2) 수업시간 배정

총 수업시간은 45분짜리 세 개 교시와 쉬는 시간 20분을 포함하여 총 155분으로, 세부적인 시간 배당은 다음과 같습니다.

구분	시간
1. 찬양	(5분 : 대그룹)
2. 본문으로 들어가면서	(20분 : 대그룹)
3. 본문 읽기	(20분 : 소그룹)
4. 본문 이해하기	(40분 : 소그룹)
5. 휴식	(10분)
6. 본문으로 세상 읽기	(20분 : 소그룹)
7. 삶으로 엮어 내기	(20분 : 소그룹)
8. 소그룹 마무리	(10분: 소그룹)
9. 마무리하기	(10분 : 대그룹)

(3) 수업진행

1) 수업 진행은 한 분의 교수가 전체를 담당합니다.

2) 수업은 대그룹에서 시작하여 소그룹으로 나누어지고, 다시 대그룹으로 모여서 활동한 후 끝나는 방식으로 진행됩니다.

3) 전체 인원 30명을 5명씩 6조로 나누어 소그룹을 구성합니다.

4) 조는 학기 초에 편성되며, 조장은 돌아가면서 맡는 것을 원칙으로 합니다. 그러므로 각 학습자는 한 학기에 두 번 인도자의 역할을 수행하게 됩니다.

5) 조장은 돌아가면서 소그룹을 인도하며, 인도자로서 만반의 준비를 해 옵니다. 이는 해당 문항의 문제에 대한 모범답안을 확실하게 준비해 와야 한다는 것을 의미합니다.

6) 조장은 매 수업 마지막에 그날의 성경공부에 대한 평가를 하고 보완하거나 강화해야 할 점을 말해 줍니다.

7) 매 수업은 찬양과 기도로 시작하고, 찬양, 기도, 조별발표(찬양이나 단막극 등)로 끝을 맺습니다. 이를 위해 시간 안배를 잘 할 필요가 있습니다.

(4) 숙제

1) 학습자들은 매주 다음 시간의 본문이 들어 있는 장을 읽어 오고 그 장의 짜임새, 흐름, 전후 관계 등을 A4 한 장 정도로 정리해 오는 숙제를 한 뒤, 이를 수업시간에 다른 조원들과 함께 나눕니다.

2) 학습자들은 교재에서 다루지 않은 부분을 선택해서 직접 성경공부 교안을 만들어 보고, 이를 7부 복사해 와 담당교수에게 1부를 그리고 각 조원들에게 1부씩을 나누어 준 뒤 서로의 생각을 나눕니다. 학습자들은 이를 모두 자료집에 철해서 학기말에 풍성한 고린도전서 성경공부 교재가 만들어지도록 노력

하기 바랍니다.

3) 미리 알립니다. 이 교재에서 다룬 본문 이외의 본문을 두 개 선택하여 직접 성경 공부 교안을 만들어 제출하세요(이번 학기에는 2회 제출합니다). 미리 준비하기 바랍니다.

4) 미리 알립니다. 학기말에는 한 조씩 본문 메시지와 관련된 찬양, 단막극, 마임 등 다양한 형태의 발표를 할 수 있는 기회를 줄 생각입니다. 또한 이런 활동은 어떤 성경공부 상황에서도 유익합니다. 본문을 실제 현실에서 실천해 보는 경험은 말씀을 생활화하고, 공부에 참여한 사람들끼리 유대를 강화하는 이점이 있습니다.

5) 학습자들은 한 학기 동안 틈틈이 고린도전서 전체 내용을 직접 손으로 써서 학기말에 담당교수의 확인을 받습니다.

(5) 이야기 나눌 때나 보고할 때 조심할 점들

성경공부를 효과 있게 진행하려면 전체 모임과 조별 모임을 잘 해야 합니다. 그러기 위해서는 함께 이야기 나눌 때나 보고할 때 다음 몇 가지 사항들을 염두에 둘 필요가 있습니다.

1) 어떤 문제를 두고 함께 이야기를 나눌 때 한 사람이 너무 길게 말하지 않아야 합니다. 될 수 있는 대로 1분 안에 말을 끝내는 것이 좋습니다. 따라서 핵심내용만을 말하고자 노력해야 합니다. 또 한 사람이 너무 자주 말하지 않아야 합니다. 발표의 기회가 모든 학습자들에게 골고루 돌아갈 수 있게, 말할 것이 많

은 사람은 발언을 자제하고, 여러 사람 앞에서 말하는 데 익숙하지 않은 사람은 용기를 내어 적극적으로 발표에 임합니다.

2) 어떤 문제를 두고 함께 이야기를 나눌 때 먼저 다른 사람이 하는 말을 바르게 이해하기위해 힘써야 합니다. 다른 사람의 말을 제대로 이해하고 난 다음에야 자기 의견이 그 사람의 생각과 같은지 아니면 다른지를 알 수 있기 때문입니다. 따라서 다른 사람의 말 가운데 확실하게 이해하지 못한 부분이 있으면 질문을 해서 그 내용을 명확히 이해해야 합니다.

3) 리더는 대화가 핵심을 벗어나면 "우리는 지금 어느 부분을 다루고 있다" 또는 "우리는 지금 어떤 주제를 다루고 있다고" 말을 하여 원래 주제로 돌아와 대화를 계속하도록 유도합니다.

4) 조별 모임에서는 조원들이 돌아가면서 인도자나 기록 발표자가 되는 것이 좋습니다. 인도자는 앞서 언급한 바와 같이 그룹 토의가 잘 진행되도록 대화의 전 과정을 적절히 조정, 통제합니다.

5) 보고는 간단하고 분명하게 하며 각 조의 발표시간은 2분을 넘기지 않도록 합니다. 앞서 발표한 조와 중복되는 내용은 생략합니다.

(6) 해당 사이트

* 학습자들은 본 과목을 위해 개설된 인터넷 상의 커뮤니티(http://nt.or.kr/club으로 접속 후, 커뮤니티 명 입력란에 '신약성경공부 7' 을 입력하면 됨)를 통하여 성경공부 자료를 제공받거나, 숙제를 제출할 수 있습니다.

II. 고린도전서를 소개합니다[1)]

고린도전서는 사도 바울 자신이 선교할 때 세운 고린도 교회 안에서 일어난 여러 문제들에 대한 답을 주기 위해 기록한 서신으로, 이는 오늘날 한국과 세계의 여러 교회 안에서 일어나고 있는 여러 가지 문제들에 대한 해결책을 제시해 주는 중요한 역할을 한다. 또한 세례, 성찬, 성령, 은사, 부활과 같은 기독교의 중요한 가르침에 대한 성서적 근거를 제시한다는 점에서도 다른 무엇으로도 대체될 수 없는 권위를 갖는다.

1. 누가 기록하였는가?

사도 바울은 소스데네와 함께 본 서신을 고린도에 있는 교회와 성도들에게 보낸다는 것을 서신 첫 부분에서 밝히고 있을 뿐 아니라 자신이 본 서신을 친필로 썼음을 서신 끝 부분에서 강조하고 있다. 이로 볼 때 본 서신은 바울이 기록한 서신임에 틀림없다고 판단된다(고전 1:1; 16:21).

다만 "내가 너희에게 쓴 편지에 음행하는 자들을 사귀지 말라 하였거니와"(고전 5:9; 참고 5:11)라는 언급 때문에 바울이 고린도전서를 쓰기 이전에 이미 다른 서신(이

1) 여기에 기록된 내용들은 주로 김지철,『고린도전서』(서울: 대한 기독교서회, 1999)에서 가져왔으며 저자의 생각도 상당부분 더했음을 밝힙니다.

것을 소위 고린도전전서라 부른다)을 고린도 교회에 보냈을 것이라고 추측하는 학자들이 있을 뿐이다. 그리고 이와 관련된 추론들 중에는 이 고린도전전서의 내용이 고린도전서 안에 포함되어 있다는 주장도 있다. 그러나 이 모든 논의는 추론에 머물러 있을 뿐 아주 설득력 있는 학설로는 제시되지 못한 상태에 있다(김지철, 『고린도전서』, 38-40). 따라서 현재의 고린도전서에 앞서 고린도 교회에 보낸 서신이 있었을 것이라는 점을 인지하면 된다.

2. 언제 기록되었는가?

학자들에 따라 견해가 약간씩 다르지만 일반적으로는 바울이 2차 선교여행 중이던 주후 49/50년 겨울에서부터 51년 중순까지 약 1년 반 동안 고린도 지역에 머물면서 고린도 교회를 설립했을 것으로 본다(행 18:1-11).

또한 사도행전의 18장 2절에 의하면 바울은 고린도에서 함께 동역하게 되고 나중에 교회를 위해 함께 수고하게 된 아굴라와 브리스길라를 만나게 되는데, 그들은 주후 49년에 공표된 로마 황제 글라우디오의 유대인 추방명령에 따라 고린도 지역으로 이동해 왔기 때문에, 바울이 그 무렵에 고린도에 머무르고 있었다고 판단할 수 있다(참조 고전 16:19; 롬 16:3, 4).

이후 3차 선교여행 중 안디옥을 떠나 에베소로 왔을 때, 바울은 고린도 교회의 문제들에 대해 알게 되었고 이를 해결하기 위해 고린도전서를 기록하게 된다. 바울이 에베소에 머물렀던 기간이 53년에서 55년인 것을 감안하고 또한 서신 안에서 고린도를 향해 여행할 의사를 드러내고 있다는 점을 고려해 볼 때, 고린도전서 저작 연대는 54년

말이나 55년 초였을 것으로 추축해 볼 수 있다(김지철, 『고린도전서』, 34; 쿰멜, 필하우어). 그러나 이와는 달리, 고린도전서에서 발견되는 "우상의 제물"(고전 8:1)이라는 용어와 예루살렘 교회를 위한 연보에 대한 언급(고전 16:1)이 모두 예루살렘 총회와 관련되어 있다는 것을 근거로, 고린도전서의 저작연대를 48년 직후인 49년으로 보는 견해도 있다(박수암, 『고린도전후서』, 35; 녹스, 뤼데만, 허드).

3. 어디서 기록하였는가?

일반적으로 바울이 에베소에서 기록했다고 본다. 그렇게 보는 이유는 바울 스스로가 서신 안에서 오순절까지 에베소에 머물러야 한다고 밝히고 있기(16:8) 때문이다. 또한 마게도냐를 지나 고린도로 간다는 언급(16:5)도 바울이 현재 서신을 기록하는 장소가 선교여행 경로 상 마게도냐보다 이전 지역인 에베소라는 점을 시사해 주고 있다.

물론 서신 전반부에 등장하는 "주께서 허락하시면 내가 너희에게 속히 나아가서"(고전 4:19)라는 말씀과 서신 후반부에 등장하는 에베소에 더 머물겠다(고전 16:8)는 말씀이 서로 상충되기에, 과연 바울이 줄 곧 에베소에 머물렀는지에 대해 의문은 제기될 수 있다. 그러나 이는 앞에 나오는 말씀을 고린도 교회로 속히 가고자 하는 바울의 소망으로 이해하고, 뒤에 나오는 말씀을 그런 개인적 소망에도 불구하고 바울이 에베소 지역에 장기간 머무를 수밖에 없는 현실을 반영하고 있는 것으로 이해한다면 적절히 해결될 수 있다.

4. 무엇을 기록하였는가?

사도 바울이 고린도전서를 기록한 것은 고린도 교회에 여러 가지 문제들이 있었기 때문이다. 바울은 그런 문제들에 대한 해결책을, 성령의 인도함을 받는 가운데 구약성서 말씀과 자신이 배운 헬라사상과 유대교의 모든 지혜를 활용하여 쓴 서신형태로 고린도 교회에 보냈다.

따라서 고린도전서에는 고린도 교회의 여러 문제들, 즉 교회 안에 생긴 여러 분파의 문제(1:10-4:21), 근친상간, 음행이나 기독교인 간의 고소 사건과 같은 교회 안의 부도덕의 문제(5:1-6:20), 기독교인들 간의 결혼이나 이혼, 과부와 독신 그리고 약혼과 같은 문제(7:1-7:40), 그리스도인의 자유, 주의 만찬, 우상제물과 같은 신앙의 문제(8;1-11:1), 너울을 쓰는 것, 주의 만찬, 영적 은사들의 기능과 목적과 같은 예배공동체에서의 삶(11:2-14:40), 그리스도와 그리스도인의 부활과 종말적인 삶(15:1-50)에 대한 사도 바울의설명과 대답이 상세히 나타나 있다.

이 점이 현대 교회에 시사하는 바가 크다. 초기교회에 많은 문제들이 있었고 사도들을 비롯한 교회 지도자들이 그것들을 해결해 나갔으며 그 해결의 기록이 성경말씀에 포함되어 있기 때문에, 어떻게 보면 과거보다 더 많은 문제들과 어려움이 발생하고 있는 오늘날의 교회도 그 문제해결의 원칙과 실마리를 고린도전서에서 찾을 수 있다는 말이 된다. 이처럼 교회의 여러 가지 문제들을 적나라하게 드러내 놓고 해결해 나가는 과정을 기록한 서신이라는 점에서, 고린도전서는 신약성경의 여러 서신들 중에서도 독특한 서신이라고 할 수 있다.

5. 왜 기록하였는가?

그러면 바울은 어떻게 고린도 교회의 문제들에 대해서 알게 되었는가? 그는 여러 경로를 통해서 문제들을 알게 되었다. 그것이 바울로 하여금 서신을 쓰게 만들었던 중요한 이유였다.

첫째는, 글로에의 집 사람들을 통해서 교회의 상황에 대해 들었기 때문이다(1:11; 5:1 "소문을 듣는다").

둘째는, 고린도 교회가 사도 바울에게 편지로 교회의 상황을 알려 주었기 때문이다. 그 문제들은 고린도전서 7장 이후에 기록되어 있다. 이는 "너희가 쓴 문제에 대해 …"(7:1)라는 말로 시작되는 표현에서 알 수 있으며, 이후 각각의 문제는 "… 대하여는 …"(7:1; 7:25; 8:1; 12:1; 16:1, 12)이라는 표현으로 구분되어 설명된다.

셋째는, 고린도 교회가 파송한 대표단이 바울을 찾아가 교회의 상황을 알려 주었기 때문이다(16:17).

바울이 서신을 써야만 했던 또 다른 이유는, 고린도 교회의 문제가 바울의 선교 사역에 미치는 영향력이 중차대했기 때문이다. 한창 성장해 나가고 있던 교회에서 발생한 문제가 방치될 경우 바울은 자신의 선교 사역에 심각한 타격을 받을 뿐만 아니라, 자신이 공들여 세운 교회의 존속 역시 크게 위협을 당할 수도 있었기 때문이다. 이런 이유로 인해 바울은 서둘러 고린도 교회에 서신을 보냄으로 신앙인의 개인적인 삶을 무력하게 만들 뿐만 아니라, 더 나아가 십자가에 달리고 부활하신 예수 그리스도의 복음을 파괴할 수 있는 위험성을 지닌 문제의 뇌관을 제거하려고 했던 것이다.

6. 어떻게 기록하였는가?

사도 바울은 고린도전서를 편지의 형태로 기록하되 분명한 신학적 입장을 가지고 교회의 문제를 해결하고자 노력했다.

첫째로, 바울은 교회 안에 문제를 일으킨 지혜사상과 대결하는 입장에서 예수 그리스도의 복음을 지혜사상보다 앞세운다. 즉 "십자가의 도"가 진정한 지혜임을 바울은 선언한다. 바울은 지금 고린도 교회 안에서 판단의 미성숙성으로 인해 발생하는 문제가 모두 세상 지혜에 의존하는 데서 온 것으로 보고, 이를 해결하는 길은 오직 참된 지혜인 '십자가의 도' 에 의존하는 것 밖에 없다고 밝힌다(1-4장).

둘째로, 바울은 여러 인종과 종교가 존재하는 사회에서 발생하는 윤리적인 상황 속에서 그리스도교인의 자유를 구체적으로 어떻게 적용해야 할지를 설명한다(5-7장).

셋째로, 바울은 교회의 일치를 이루고 덕을 세운다는 기본 원칙을 가지고서 예배의식에 참여하고 일상생활을 해 나갈 것을 권면한다. 즉 이방종교의 제사에 참여함으로 다른 기독교인을 생각하지 않는 사랑 없는 지식, 예배의 질서와 관련된 여인들의 머리 너울 문제, 주의 만찬에서 이웃의 연약함을 돌보지 않는 문제가 이와 관련이 있다(8-11장).

넷째로, 바울은 이기적인 영적 열광주의에 대결하면서 참된 은사가 어떤 것인지를 바르게 가르친다. 그리고 바울은 한두 가지 은사에만 집착해서 영적 경험의 다양성을 제한하는 것이 잘못임을 지적하면서 성령의 진정한 은사는 예수를 '주' 로 고백하는 기독론적인 기초 위에 세워져야 할 뿐만 아니라, 교회 전체의 덕을 세우는 방식으로 사용되어야 함을 역설한다(12-14장). 또한 바울은 성령의 인도함을 받는 삶에서는 사랑이 가장 중요하며, 따라서 성령의 은사는 사랑을 위해 사용되어야 함을 강조한다.

다섯째로, 바울은 몸의 부활을 부인하고 현재의 영적 경험에 안주하려는 은사주의자들의 잘못을 철저히 지적한다. 바울은 미래에 있을 죽은 자들의 부활에 대한 소망만

이 삶의 위기를 넘길 힘을 얻게 한다고 선언한다(15장).

7. 고린도전서를 읽기 전에 꼭 알아야 할 고린도에 대한 지식

오늘날의 그리스 영토인 마케도니아와 펠로폰네소스 반도를 잇는 지점에 위치한 항구도시 고린도는 아테네에서 남쪽에서 78km 떨어진 곳에 있으며 원래는 오래된 도시국가였다. 고린도 서쪽으로는 고린도만이 있고 동쪽으로는 사론만이 있다. 서쪽으로는 약 2km 거리에 있는 레케움 항구를 통해 지중해와 연결되고, 동쪽으로는 7km 지점에 있는 겐그리아 항구를 통해 살로니카만으로 이어진다. 이렇게 두 바다 사이에 있는 도시가 고린도의 특징이며 이것이 해상무역의 본산지로 성장할 수 있는 고린도가 가진 천혜의 장점이었다.

고린도는 기원전 44년 로마의 식민지로 재건되었고 이때부터 로마 시민들이 이곳으로 이주하게 되었다. 기원전 27년 이후, 고린도는 아가야 지방의 수도이자 총독의 거주지가 되었으며 1세기에 접어들면서 남부 그리스의 중요한 무역중심지로 커졌으며 상업도시로서의 명성이 알려지면서 점차 유흥과 쾌락의 도시로 변모해 갔다. 정치적으로는 소수의 로마인들에 의해 통치되었으나 시민들의 대부분은 그리스 사람들이었고 따라서 고린도인들은 그리스어를 사용했다. 후에는 유대인들도 이곳으로 이주하게 되었다. 기원후 50년경 고린도의 인구는 자유인과 노예들이 합쳐 50만 명을 넘었으며 그중 3분의 2는 노예였던 것으로 추정된다.

특히 관심을 가지고 살펴볼 것은 종교적인 환경인데, 고린도는 아데나, 아폴로, 포세이돈, 헤르메스 같은 남신과 여신들을 위한 신전들이 도시에 널려 있었으며 그중에서도 사랑의 여신으로 불리는 아프로디테(비너스) 신전이 가장 유명했다. 아프로디테 여신에게 예배하는 방식 중의 하나는, 오늘날도 고린도 도시가 내려다보이는 높은 산위에 있던 아크로폴리스에서 아프로디테의 제사녀들과 성행위를 하는 것이었다. 아크로폴리스는 기원전 146년 로마에 의해 파괴되었으며 기원전 44년 이후 재건되지 않았으나 그 의식은 고린도 시내에 있는 시장 근처에서 계속되었다. 이런 의식들은 자연스럽게 남성들을 성적으로 타락하게 만들었고, 이로 인해 잘못된 성윤리가 고린도에 만연되어 있었다. 따라서 고린도는 외부로부터 나쁜 평판을 받는 도시의 대명사가 되었으며 그로 인해 '고린도인이 된다' 혹은 '고린도에 간다' 는 말은 곧 '간음을 한다' 는 것을 의미했을 정도였다. 이처럼 고린도는 다양한 제의와 신전으로 인해 종교적으로 혼합주의의 대명사로 표현되었으며, 혹자는 로마서 1장 18-31절의 죄악상이 바로 고린도를 염두에 둔 것이라는 주장도 하고 있다. 인터넷(예: 위키피디아)에서 '고린도' 라는 단어를 찾았을 때 나오는 글과 그림을 보게 되면 위에서 설명한 사항을 보다 잘 이해하게 된다.

III. 다음 수업 본문과 과제

다음 주에 공부할 본문은 고린도전서 1장 1-17절입니다. 본문을 깊이 묵상하여 본문의 짜임새를 정리하고 고린도전서 1장 1-17절을 중심으로 고린도전서 1장 18-31절을 읽고, 서로의 연결점을 찾아보고, 그 내용을 기록하여 강의 2일 전까지 제출해 주십시오.

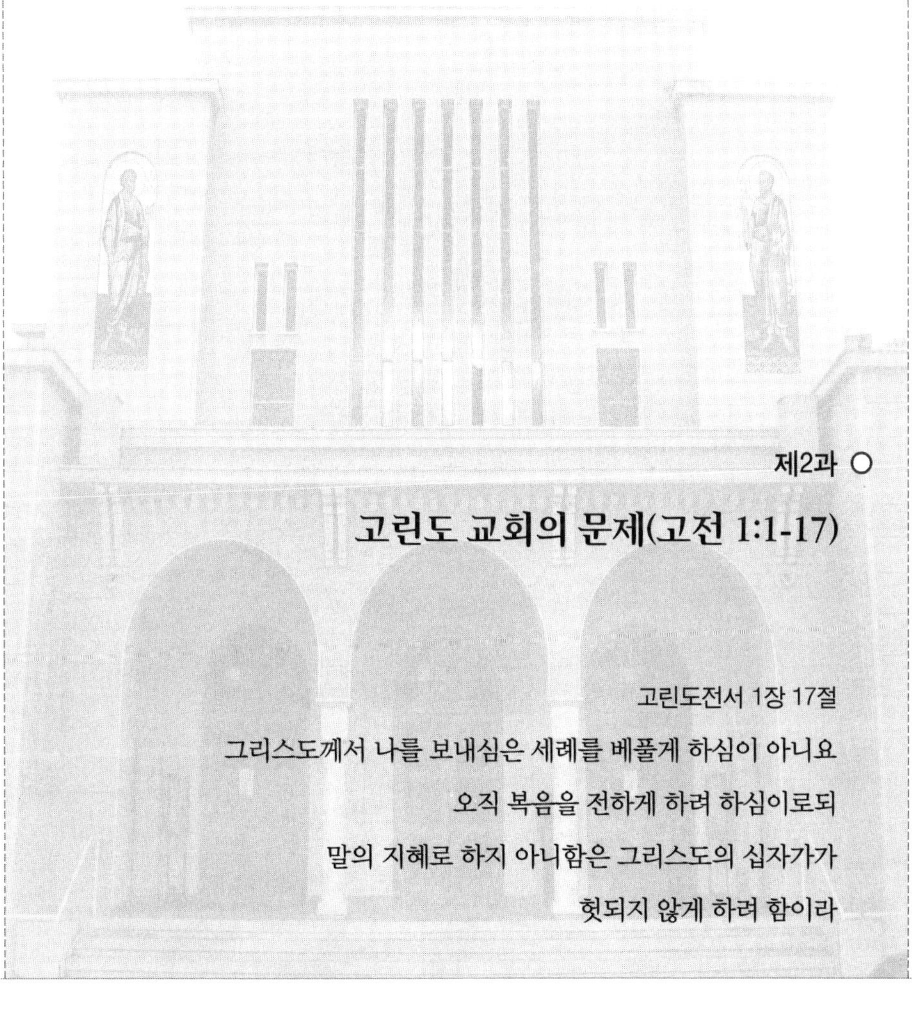

제2과 ○

고린도 교회의 문제(고전 1:1-17)

고린도전서 1장 17절

그리스도께서 나를 보내심은 세례를 베풀게 하심이 아니요
오직 복음을 전하게 하려 하심이로되
말의 지혜로 하지 아니함은 그리스도의 십자가가
헛되지 않게 하려 함이라

제2과 고린도 교회의 문제(고전 1:1-17)

♪ 예수 안에서(5분: 대그룹으로)

예수 안에서 우리 하나(화목)됐네
예수 안에서 우리 하나(화목)됐네
하나님의 영광 함께 누릴 소망 있네
예수 안에서 우리 하나(화목)됐네.

1. 본문으로 들어가면서(20분: 대그룹으로)

배정된 분문의 짜임새와 전후 관계 살피기

(1) 학생의 나눔

* 고린도전서 1장 1-17절을 중심으로, 고린도전서 1장 18-31절의 내용이 어떻게 연결되고 있는지를 개별적으로 연구해 온 내용을 그룹에서 서로 나누어 봅시다.

(2) 인도자의 설명

* 본문의 짜임새와 전후 관계, 속한 장과의 관련성 등을 간략히 설명합니다.

2. 본문 읽기(20분: 소그룹으로)

(1) 읽기

* 다양한 방법으로 본문을 반복하여 여러 번 읽습니다.

1) 각자 본문을 소리 내어 읽어 봅니다.

2) 조원들은 눈을 감은 상태에서 한 사람이 읽어 줍니다. 두 번 계속합니다.

(2) 그리기

* 읽고 들으면서 새롭게 느낀 점이나 감동되는 내용을 적어 봅시다. 그리고 서로 나눠서 읽어 봅시다.

3. 본문 이해하기(40분: 소그룹으로)

(1) 문단 나누기

1) 본문을 소 단락으로 나누어 봅시다.

1:1-3

1:4-9

1:10-17

2) 나눈 소 단락에 제목을 붙여 봅시다.

1:1-3	인사
1:4-9	하나님께서 고린도 교회에 주신 것에 대한 감사, 격려, 예언, 칭찬
1:10-17	분파를 만든 잘못을 지적함

⑵ 소 단락을 읽고 이해하기

1) 고린도 교회에 보내는 서신의 앞부분인 1장 1-3절에서 바울은 그리스도인을 어떤 사람들이라고 설명하는가?

🔑 ① 그리스도 예수 안에서 거룩해진 사람들
② 성도라 부름을 받는 사람
③ 각 처에서 주되신 예수 그리스도의 이름을 부르는 사람들

2) 사도 바울이 그리스도인을 "모든 언변과 모든 지식에 풍성하므로 …", "그리스도의 증거가 너희 중에 견고하게 되어 …"(6), "그리스도의 날에 책망할 것이 없는 자"라고 표현하는 이유가 무엇인지를 1장 전체의 맥락에서 찾아보기 바랍니다.

🔑 분파를 만드는 것은 그리스도가 베푸신 은혜를 망각하는 것으로 책망 받을 일이다. 그리고 분파를 만드는 것은 그리스도에게 받은 것을 망각하는 행동이다.

⑶ 중심 낱말과 개념 찾기

1) 10-13절에서 고린도 교회 안에 "분쟁"을 어떤 동사표현을 사용해서 설명하고 있습니까?

2) 바울이 "분쟁"과 "세례"를 연결시켜 설명하는 이유는 무엇인가요?

(4) 본문과 관련된 다른 성경구절과의 관계 고찰하기

바울은 그의 서신 어디에서 또 "분쟁"이라는 주제를 사용하고 있나요?

롬 1:29(분쟁); 13:13(분쟁), 16-17; 빌 1:15; 딤 3:9

교회 공동체의 분파, 분쟁과 반대되는 단어는 무엇인가요?

한 몸(고전 12:12-31). 한 몸(갈 3:28)

(5) 메시지 찾기

1) 제1메시지:

2) 제2메시지:

3) 제3메시지:

(6) 본문을 재구성하기

휴식(10분)

4. 본문으로 세상 읽기(20분: 소그룹으로)

(1) 본문으로 '나' 읽기

1) 나는 같은 공동체 안에서 다른 사람을 배제하는 공동체를 원하거나 만들려 하지 않았나요?

2) 나는 주 예수 그리스도의 십자가가 참 지혜라고 생각하고 나의 지혜와 세상의 지혜보다 십자가의 지혜를 더 우선시하는 삶을 사는가?

(2) 본문으로 '교회' 읽기

1) 오늘날의 교회 안에는 분파와 분쟁이 없는가? 있다면 무엇 때문에 분파와 분쟁이 발생하는지 생각해 봅시다.

2) 그렇다면 무엇이 적절한 해결책인지 방법을 찾아서 제시하기 바랍니다.

(3) 본문으로 '사회(또는 세상)' 읽기

1) 어느 사회든 분파와 분쟁의 문제는 있다. 그런데 한국 사회는 그 문제가 더 심한가? 아니면 덜한가?

2) 한국 사회에서 이런 문제를 최소화시킬 수 있는 방안이 무엇인지 제시해 보기 바랍니다.

5. 삶으로 엮어 내기(20분: 소그룹으로)

(1) '나'의 삶에 적용하고 실천할 수 있는 방안 모색하기

* 앞에서 반성한 나의 문제를 해결하기 위하여 어떤 결단을 하십니까? 그리고 해결을 위하여 어떻게 노력하고자 하는지 구체적인 방안을 기록해 봅시다.

1) 첫째:

2) 둘째:

3) 셋째:

(2) '교회'의 삶에 적용하고 실천할 수 있는 방안 모색하기

1) 첫째:

2) 둘째:

3) 셋째:

⑶ '사회' 속에서 적용하고 실천할 수 있는 방안 모색하기

1) 첫째:

2) 둘째:

3) 셋째:

6. 소그룹 마무리(10분: 소그룹으로)

1) 참여자들은 인도자에 대한 평가서를 작성하여 인도자에게 줍니다.

2) 그날 소그룹 활동에 대한 평가와 소감을 나눕니다.

7. 마무리하기(10분: 대그룹으로)

1) 해결하지 못한 사항에 대한 질문과 대답하기

2) 소그룹 공부를 통해서 결정했던 실천사항들을 대그룹에서 발표합시다.

3) 인도자가 그날 성경공부를 인도한 소감을 간단히 발표합니다.

4) 다음 수업 본문의 예시, 숙제 제시

* 다음 주 본문은 고린도전서 1장 18-31절입니다. 본문을 깊이 묵상하여 본문의 짜임새를 정리하고 고린도전서 1장 18-31절을 중심으로 고린도전서 1장 1-17절과 2장 1-16절을 읽고, 서로의 연결점을 찾아보고, 그 내용을 기록하

여 강의 2일 전까지 제출해 주십시오.

5) 기도로 마무리합니다.

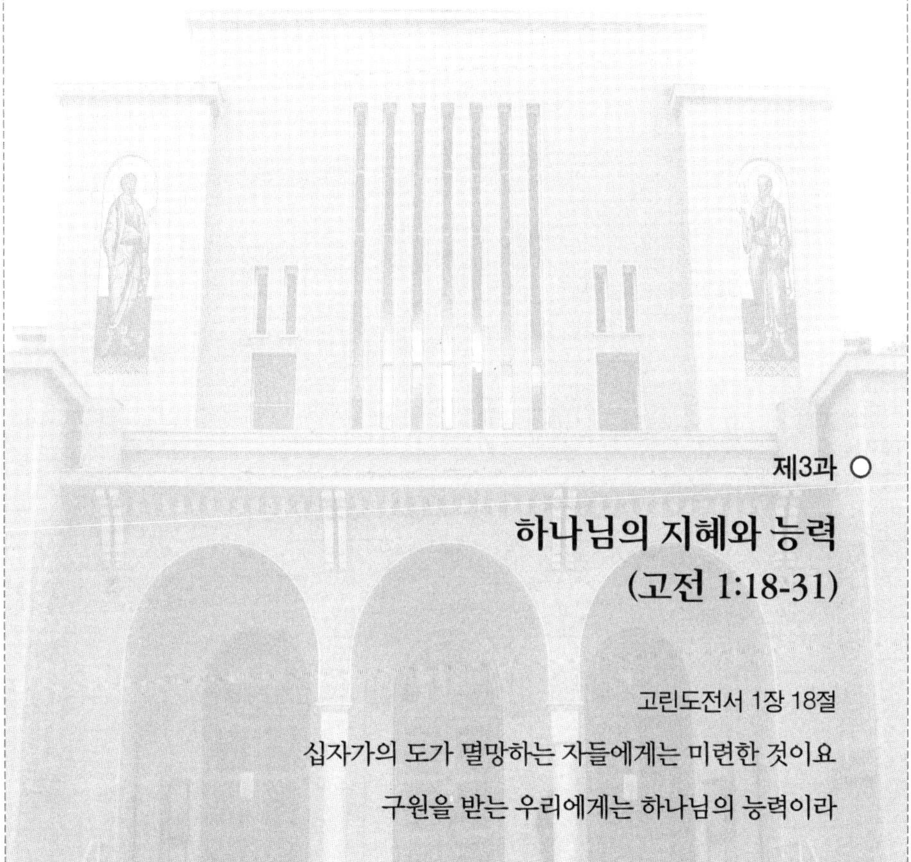

제3과 ○

하나님의 지혜와 능력 (고전 1:18-31)

고린도전서 1장 18절

십자가의 도가 멸망하는 자들에게는 미련한 것이요

구원을 받는 우리에게는 하나님의 능력이라

제3과 하나님의 지혜와 능력(고전 1:18-31)

♪ 새롭게 하소서(5분: 대그룹으로)

해 아래 새 것이 없나니 이 죄인 살리신 주
보라 새롭게 된 피조물 주의 놀라운 평화
찬양하세 우리 주 오 주여 영광 받으소서
새롭게 하소서 새롭게 하소서
새롭게 하소서 늘 새롭게 하소서

해 아래 새 것이 없나니 이 죄인 살리신 주
보라 새롭게 된 피조물 주의 놀라운 평화
찬양하세 우리 주 오 주여 영광 받으소서
새롭게 하소서 새롭게 하소서
새롭게 하소서 늘 새롭게 하소서.

1. 본문으로 들어가면서(20분: 대그룹으로)

배정된 본문의 짜임새와 전후 관계 살피기

(1) 학생의 나눔

* 고린도전서 1장 18-31절을 중심으로, 고린도전서 1장 1-17절과 2장 1-16절의 내용이 어떻게 연결되고 있는지를 개별적으로 연구해 온 내용을 그룹에서 서로 나누어 봅시다.

(2) 인도자의 설명

* 본문의 짜임새와 전후 관계, 속한 장과의 관련성 등을 간략히 설명합니다.

2. 본문 읽기(20분: 소그룹으로)

(1) 읽기

* 다양한 방법으로 본문을 반복하여 여러 번 읽습니다.

1) 각자 본문을 소리 내어 읽어 봅시다.

2) 조원들은 눈을 감은 상태에서 한 사람이 읽어 줍니다. 두 번 계속합니다.

(2) 그리기

* 읽고 들으면서 새롭게 느낀 점이나 감동되는 내용을 적어 봅시다. 그리고 서로 나눠서 읽어 봅시다.

3. 본문 이해하기(40분: 소그룹으로)

(1) 문단 나누기

1) 본문을 소 단락으로 나누어 봅시다.

1:18-25

1:26-31

2) 나눈 소 단락에 제목을 붙여 봅시다.

1:18-25	십자가에 못 박힌 그리스도는 하나님의 지혜 (십자가의 두 가지 기능)
1:26-31	세상의 약한 자를 택하사 강한 자를 부끄럽게 하시는 하나님

(교인들을 부르심과 십자가)

(2) 소 단락을 읽고 이해하기

1) 바울이 "십자가의 도"(고전 1:18)가 유대인이나 헬라인 중에서 믿는 자들에게 하나님의 능력이요 지혜가 된다고 말한 이유는 무엇인가?

이 세상이 자기 지혜로 하나님을 알지 못하기에 하나님께서 하나님의 능력이요 하나님의 지혜를 십자가라는 방식으로 알려 주셨기 때문이다.

2) "자랑하는 자는 주 안에서 자랑하라"는 말씀(고전 1:31)과 "세상의 천한 것들과 멸시받는 것들을 택하사 있는 것들을 폐하게(없는 것 같게 하려) 하시나니"(1:28)라는 말씀의 관계는?

하나님께서 세상의, 특히 고린도의 천한 사람들과 멸시 받는 사람들을 택하사 그들로 복음을 듣고 받아들이게 하심으로 세상에 있는 자들을 없는 것 같게 하셨기 때문에, 고린도의 기독교인들은 자랑할 것이 없으며 정히 자랑하기 원한다면 그들을 구원하신 주님만을 자랑할 수 있다.

(3) 중심 낱말과 개념 찾기

1) "십자가의 도"가 의미하는 바는 무엇인가?(고전 1:18)

"십자가의 진리"라는 말을 다르게 표현한 것이다. 헬라어 로고스는 "진리" 또는 "도"라는 뜻을 가진다. 진리라는 표현이 현대인에게는 더 쉽게 이해되는 표현이다.

2) 세상의 지혜와 십자가는 어떻게 다른가? 하나님께서 "이 세대의 선비", "이 세대의 변론가"(1:20)의 지혜를 어리석게 만드신 이유가 무엇인지 설명해 보라?

십자가의 지혜는 이 세상의 모든 지혜를 뛰어넘는 오묘한 하나님의 지혜이기에, 이 시대의 지혜자나 변론가의 지혜로는 상상도 할 수 없었다.

3) "전도의 미련한 것"(고전 1:21)이란 표현이 의미하는 바는 무엇인가?(1:18, 20, 21, 23, 27에서 반복적으로 사용함)

여기서 전도는 "선포되는 것" 이란 뜻을 갖는다. 즉 복음은 지혜를 통해 깨달아 지는 것이 아니라, 전파되는 기쁜 소식을 받아들임으로써 구원이 이루어지는 방식을 취했다는 뜻이다.

4) 유대인이 추구하는 "표적"과 헬라인이 추구하는 "지혜"는 어떤 것인가?(고전 1:22)

유대인은 하나님의 뜻을 나타내 준다고 생각한 "표적" 에 관심이 많았으며, 헬라인들은 옛적부터 철학적 진리와 삶의 길을 설명해 주는 "지혜" 를 추구했다.

(4) 본문과 관련된 다른 성경구절과의 관계 고찰하기

"내가 지혜 있는 자들의 지혜를 멸하고 총명한 자들의 총명을 폐하리라"는 말씀과 "자랑하는 자는 주 안에서 자랑하라 함과 같게 하려 함이라"는 말씀은 구약성경의 어느 부분을 인용한 것이며 본문과 어떤 관계가 있는가?

첫 번째 말씀은 이사야 29장 14절의 말씀과 관련이 있다. 이사야 선지자는 이스라엘 백성이 하나님을 입술로만 공경하고 마음은 멀리 떠났기에 그들 중에서 지혜자의 지혜가 없어지고 명철자의 총명이 가려지는 심판이 임할 것을 선언한다. 즉 이사야 선지자는 하나님을 떠난 인간이 받는 심판을 말한다. 고린도전서 본문도 하나님을 떠나 자신들의 지혜만으로 만족하는 인간들의 운명이 어떻게 되는지를 경고하고 있다는 점에서 이사야서가 시사하는 바와 같다. 두 번째 말씀은 예레미야 9장 23-24절과 관련이 있다. 예레미야 선지자는 지혜로운 자는 그의 지혜를 자랑하지 말라고 경고하며 자랑할 것은 여호와 하나님을 아는 것이라고 선언한다. 따라서 오직 하나님과 하나님의 지혜만을 자랑할 것이라는 점에서 예레미야서의 말씀은 고린도전서 본문의 말씀과 일치한다.

고린도전서 1장 31절의 "자랑하는 자"와 고린도전서 1장 10-17절에 말하는 분쟁은 어떤 관계가 있는가?

세상의 지혜를 자랑하고 뽐내는 사람들은 흔히, 그들만의 모임을 만드는 경향이 있으며 그것이 고린도 교회의 분파의 원인이 되었다. 그러므로 바울은 교회 안에서의 자랑은 주님만이 되어야 하며 인간을 자랑하는 것은 잘못된 것임을 가르쳐 주고 있다.

(5) 메시지 찾기

1) 제1메시지:

2) 제2메시지:

3) 제3메시지:

(6) 본문을 재구성하기

휴식(10분)

4. 본문으로 세상 읽기(20분: 소그룹으로)

(1) 본문으로 '나' 읽기

1) 예수 그리스도를 받아들이기 전에 나는 이 세상에서 어떤 지혜 어떤 진리를 추구했습니까?(22절) 그리고 지혜와 생명은 어떤 관계가 있는지를 30절에 있는 단어들인 "지혜", "의로움", "거룩함", "구원함"을 참조하여 설명하기 바랍니다.

2) 나와 십자가의 진리, 즉 십자가에 못 박히신 예수가 인간을 구원하시는 하나님의 지혜는 어떤 관계가 있습니까?

(2) 본문으로 '교회' 읽기

1) 오늘날 한국 교회는 "자기 지혜"가 아니라 "전도의 미련한 것"으로 믿지 않는 자들을 구원하려는 입장을 견지하고 있는가? 아니면 그 반대적인 경향을 보이고 있는가? 교회에서 선포되는 설교 내용을 가지고 대답해 보기 바랍니다.

2) "세상의 미련한 자들", "세상의 약한 것들", "세상에서 멸시받는 것들과 없는 것들"을 택하사 "세상의 지혜 있는 자들", "세상의 강한 것들", "세상에서 있는 것들"을 폐하려 하셨다는 말씀(26-29절)은 오늘날 교회가 세상에서 어떤 입장에 설 것을 가르치고 있습니까?

(3) 본문으로 '사회' 읽기

1) 하나님께서 십자가의 진리이신 예수 그리스도를 통한 구원의 방법을 제시하지 않았다고 가정해 봅시다. 그래도 "이 세상이 자기 지혜로" 하나님을 알고, 하나님에게서 나온 생명의 비밀이자 지혜인 십자가의 진리에 도달할 수 있었을까요?(21절 참조)

2) 과학기술이 엄청난 영향력을 행사하는 오늘날 과학기술 자체를 최고의 지혜와 진리로 생각하며 그것들을 높이는 경향이 강합니다. 이러한 상황 속에서 어떻게 십자가의 도를 효과적으로 전할 수 있을까요?

5. 삶으로 엮어 내기(20분: 소그룹으로)

(1) '나'의 삶에 적용하고 실천할 수 있는 방안 모색하기

* 앞에서 반성한 나의 문제를 해결하기 위하여 어떤 결단을 하십니까? 그리고 해결을 위하여 어떻게 노력하고자 하는지 구체적인 방안을 기록해 봅시다.

1) 첫째:

2) 둘째:

3) 셋째:

(2) '교회'의 삶에 적용하고 실천할 수 있는 방안 모색하기

1) 첫째:

2) 둘째:

3) 셋째:

(3) '사회' 속에서 적용하고 실천할 수 있는 방안 모색하기

1) 첫째:

2) 둘째:

3) 셋째:

6. 소그룹 마무리(10분: 소그룹으로)

1) 참여자들은 인도자에 대한 평가서를 작성하여 인도자에게 줍니다.

2) 그날 소그룹활동에 대한 평가와 소감을 나눕니다.

7. 마무리하기(10분: 대그룹으로)

1) 해결하지 못한 사항에 대한 질문과 대답하기

2) 소그룹 공부를 통해서 결정했던 실천사항들을 대그룹에서 발표합시다.

3) 인도자가 그날 성경공부를 인도한 소감을 간단히 발표합니다.

4) 다음 수업 본문의 예시, 숙제 제시

* 다음 주 본문은 고린도전서 2장 1-16절입니다. 본문을 깊이 묵상하여 본문의 짜임새를 정리하고 고린도전서 2장 1-16절을 중심으로 고린도전서 1장 1-31절과 3장 1-23절을 읽고, 서로의 연결점을 찾아보고, 그 내용을 기록하여 강의 2일 전까지 제출해 주십시오.

5) 기도로 마무리합니다.

제4과 ○

오직 십자가(고전 2:1-16)

고린도전서 2장 1-2절

형제들아 내가 너희에게 나아가 하나님의 증거를 전할 때에
말과 지혜의 아름다운 것으로 아니하였나니
내가 너희 중에서 예수 그리스도와 그가 십자가에 못 박히신 것 외에는
아무 것도 알지 아니하기로 작정하였음이라

제4과 오직 십자가(고전 2:1-16)

♪ 많은 사람들 참된 진리를 모른 채(5분: 대그룹으로)

많은 사람들 참된 진리를 모른 채
주님 곁을 떠나갔지만
내가 만난 주님은 참 사랑이었고
진리이고 소망이었소
나 예수가 좋다오
나 예수가 좋다오
주를 사랑한다던 베드로 고백처럼
난 예수를 사랑한다오.

1. 본문으로 들어가면서(20분: 대그룹으로)

배정된 본문의 짜임새와 전후 관계 살피기

(1) 학생의 나눔

* 고린도전서 2장 1-16절을 중심으로, 고린도전서 1장 1-31절과 3장 1-23절의 내용이 어떻게 연결되고 있는지를 개별적으로 연구해 온 내용을 그룹에서 서로 나누어 봅시다.

(2) 인도자의 설명

* 본문의 짜임새와 전후 관계, 속한 장과의 관련성 등을 간략히 설명합니다.

2. 본문 읽기(20분: 소그룹으로)

(1) 읽기

* 다양한 방법으로 본문을 반복하여 여러 번 읽습니다.

1) 각자 본문을 소리 내어 읽어 봅시다.

2) 조원들은 눈을 감은 상태에서 한 사람이 읽어 줍니다. 두 번 계속합니다.

(2) 그리기

* 읽고 들으면서 새롭게 느낀 점이나 감동되는 내용을 적어 봅시다. 그리고 서로 나눠서 읽어 봅시다.

3. 본문 이해하기(40분: 소그룹으로)

(1) 문단 나누기

1) 본문을 소 단락으로 나누어 봅시다.

2:1-5

2:6-16

2) 나눈 소 단락에 제목을 붙여 봅시다.

2:1-5	십자가에 못 박힌 그리스도만을 전함
2:6-16	십자가에 못 박힌 예수가 하나님의 지혜임을 성령이 알게 한다.

(2) 소 단락을 읽고 이해하기

1) 사도 바울은 왜 고린도에 거할 때 약하고 두려워하고 심히 떨었는가?

바울은 복음을 전할 때 말과 지혜의 아름다움으로 하지 않고, 오직 예수 그리스도가 십자가에 못 박히신 것만을 전했으며 성령이 증거하도록 기다렸기 때문이다. 그런 상황 가운데 바울은 인간으로서의 초조함과 기대심 그리고 긴장감으로 인해, 약하고 두려워하고 심히 떨었던 것 같다. "설득력 있는 지혜의 말로 하지 아니하고 다만 성령의 나타나심과 능력으로 하여…"(2:4).

2) 바울은 하나님의 영 외에는 하나님의 일을 알지 못한다고 말한다. 또한 바울은 "우리가 세상의 영을 받지 아니하고 하나님으로부터 온 영을 받았다"고 말한다(고전 2:10-13; 3:16; 6:19; 고후 1:22; 5:5; 롬 8:16; 살 1:6). 여기서 "우리"는 구체적으로 누구를 가리키는가?

예수를 그리스도로 고백한 기독교인을 말하며(고전 12:3) 바울의 서신을 받는 고린도 교회로 범위를 좁혀 생각하면, 하나님께서 구원의 은혜를 주신 것을 깨달은 고린도 교회 교인들을 가리킨다(고전 2:12).

3) 고린도 교회의 교인들이 영적인 분별력을 가지고 있음을 사도 바울이 강조하는 이유는 무엇 때문인가?(2:12-15)

그런 분별력을 가진 교인들이 파당을 만드는 잘못을 범했기 때문에 질책하기 위해서이다. 바울은 지금 '성령의 인도함을 받는 사람들이 어떻게 세상의 영을 받은 사람들처럼 파당을 만들 수 있느냐' 라고 질책하는 것이다. 그 점이 3장에서 분명해진다.

(3) 중심 낱말과 개념 찾기

1) 2장 1-2절에서 "말"과 "지혜의 아름다움"은 "예수 그리스도"및 "그의 십자가에 못 박히신 것"과 어떤 관계인가?

🔑 사도바울은 전도할 때 "말"이 아니라 "예수 그리스도", "지혜의 아름다움"이 아닌 "그의 십자가에 못 박히신 것"을 전했다는 뜻이다. 즉 바울은 장황한 말이나 사람들의 관심을 끄는 지혜가 아니라 예수 그리스도와 그 분께서 십자가에 못 박히셨다는 사실을 전하는 데 몰두했다는 말이다.

2) 2장 4절에서 "내 말"과 "내 전도함"을 구분한 이유는 무엇인가? 설명해 보시오.

🔑 특히 바울의 전도가 지혜의 말이 아닌 성령의 나타나심과 능력에 의존했음을 강조하기 위해서였다.

3) 바울이 말하는 "지혜"는 "이 세상의 지혜" 그리고 "통치자들의 지혜"와 어떻게 다른가?

🔑 바울이 말하는 "지혜"는 곧 예수 그리스도께서 십자가에 못 박히신 사건 자체를 말하며, 삶의 진리를 추구하는 이 세상의 지혜나 통치의 진리를 추구하는 통치자들의 지혜와는 전혀 다르다.

4) 2장 8절의 "이 세대의 통치자들"은 구체적으로 누구를 가리키는가?

사도 바울이 생존했던 시기에 제국이나 국가들을 다스리던 사람들을 가리키며 그들은 다 죽음의 운명 속에 있기에 그들의 지혜는 한시적임을 강조한다.

5) 2장 10절의 "통달"한다는 말의 뜻은 무엇인가? 2장 16절의 "주의 마음"에서 마음은 무슨 뜻을 갖는가?

전자는 "분별력"(search, examine)을 말한다. 하나님의 깊은 것까지 분별하여 알아차린다는 말이다. 후자는 주의 "생각"과 "뜻"을 안다는 것이다. 성령의 인도함을 받는 사람은 하나님의 뜻이 무엇인지 알게 된다는 것이다.

6) 본문에서 "성령"과 "사람의 영"은 서로 대비되는 개념이다. "하나님의 영", "사람의 지혜", "육에 속한 사람", "신령한 자"는 각각 어느 개념과 같은 부류로 구분할 수 있는가?(고전 2:13-15)

"하나님의 영"과 "신령한 자"는 "성령"에, "사람의 지혜"와 "육에 속한 사람"은 "사람의 영"과 같은 부류로 구분할 수 있다(롬 8:14, 16, 27; 갈 5:25; 6:8).

(4) 본문과 관련된 다른 성경구절과의 관계 고찰하기

2장 9절의 구약인용말씀은 어디에서 왔으며 본문 속에서 어떤 역할을 하는가?

바울은 이사야 64장 4절과 65장 17절의 말씀을 합쳐 고린도전서 본문의 문맥에 적합하도록 수정했다. "주 외에는 자기를 앙망하는 자를 위하여 이런 일을 행한 신을 예부터 들은 자도 없고 귀로 들은 자도 없고 눈으로 본 자도 없었나이다"(사 64:4). "보라 내가 새 하늘과 새 땅을 창조하나니 이전 것은 기억되거나 마음에 생각나지 아니할 것이라"(사 65:17). 결과적으로 바울은 하나님의 영의 인도함을 받지 못한 사람들은 구원의 소식을 깨닫지 못하고 마는 운명에 처하게 된다는 사실을 안타까운 마음으로 표현했다.

본문에서와 같이 "성령" 또는 "하나님의 영"과 "사람의 영"을 대비하는 구절은 바울 서신의 다른 부분에 또 나오는가?

갈 6:8(참조 5:16); 빌 3:3

(5) 메시지 찾기

1) 제1메시지:

2) 제2메시지:

3) 제3메시지:

(6) 본문을 재구성하기

휴식(10분)

4. 본문으로 세상 읽기(20분: 소그룹으로)

(1) 본문으로 '나' 읽기

1) 나는 성경말씀을 듣고 성경공부를 할 때, 예수 그리스도와 그의 십자가의 은혜에 매료되는가? 아니면 다른 것에 매료되는가? 또한 복음을 전할 때 예수 그리스도와 그의 십자가를 긴장감을 가지고 전하려고 애쓰는가? 아니면 사람에게 깊은 감동을 줄 지혜를 전하려고 애쓰는가?

2) 본문에 의하면 "육에 속한 사람"과 "영에 속한 사람"은 어떤 점에서 다른가? 그리고 본문에서 말하는 "그리스도의 마음"을 가진 사람은 어떤 사람인지 설명하시오.

(2) 본문으로 '교회' 읽기

1) 오늘날의 교회에서 선포되는 복음의 핵심이 그리스도의 십자가인가? 아니면 사람의 지혜인가? 복음이 선포될 때 성령의 나타나심과 능력이 함께 하는가? 또한 오늘날의 교회에서 사람들이 복음을 선포할 때, 조심하는 가운데 영적인 긴장감을 가지고 선포하는가?

2) 성령은 하나님의 깊은 것까지도 통달하신다는 말씀은 오늘의 교회가 어떤 일에 몰두할 것을 가르쳐 주는가?

(3) 본문으로 '사회' 읽기

1) 세상의 지혜나 통치자들의 지혜와 대조되는 하나님의 지혜는 본문에서는 구체적으로 무엇을 말하는가?

2) 사람의 지혜와 사람의 영이 강력한 영향력을 끼치는 현대사회에서 하나님의 성령의 일들이 더욱 왕성해지려면 교회는 어떻게 해야 한다고 생각하는가? 그 방안을 제시해 보기 바랍니다.

5. 삶으로 엮어 내기(20분: 소그룹으로)

(1) '나'의 삶에 적용하고 실천할 수 있는 방안 모색하기

* 앞에서 반성한 나의 문제를 해결하기 위하여 어떤 결단을 하십니까? 그리고 해결을 위하여 어떻게 노력하고자 하는지 구체적인 방안을 기록해 봅시다.

1) 첫째:

2) 둘째:

3) 셋째:

(2) '교회'의 삶에 적용하고 실천할 수 있는 방안 모색하기

1) 첫째:

2) 둘째:

3) 셋째:

(3) '사회' 속에서 적용하고 실천할 수 있는 방안 모색하기

1) 첫째:

2) 둘째:

3) 셋째:

6. 소그룹 마무리(10분: 소그룹으로)

1) 참여자들은 인도자에 대한 평가서를 작성하여 인도자에게 줍니다.

2) 그날 소그룹활동에 대한 평가와 소감을 나눕니다.

7. 마무리하기(10분: 대그룹으로)

1) 해결하지 못한 사항에 대한 질문과 대답하기

2) 소그룹 공부를 통해서 결정했던 실천사항들을 대그룹에서 발표합시다.

3) 인도자가 그날 성경공부를 인도한 소감을 간단히 발표합니다.

4) 다음 수업 본문의 예시, 숙제 제시

* 다음 주 본문은 고린도전서 3장 1-15절입니다. 본문을 깊이 묵상하여 본문의 짜임새를 정리하고 고린도전서 3장 1-15절을 중심으로 고린도전서 2장 1-16절과 3장 16절-4장 21절을 읽고, 서로의 연결점을 찾아보고, 그 내용을 기록하여 강의 2일 전까지 제출해 주십시오.

5) 기도로 마무리합니다.

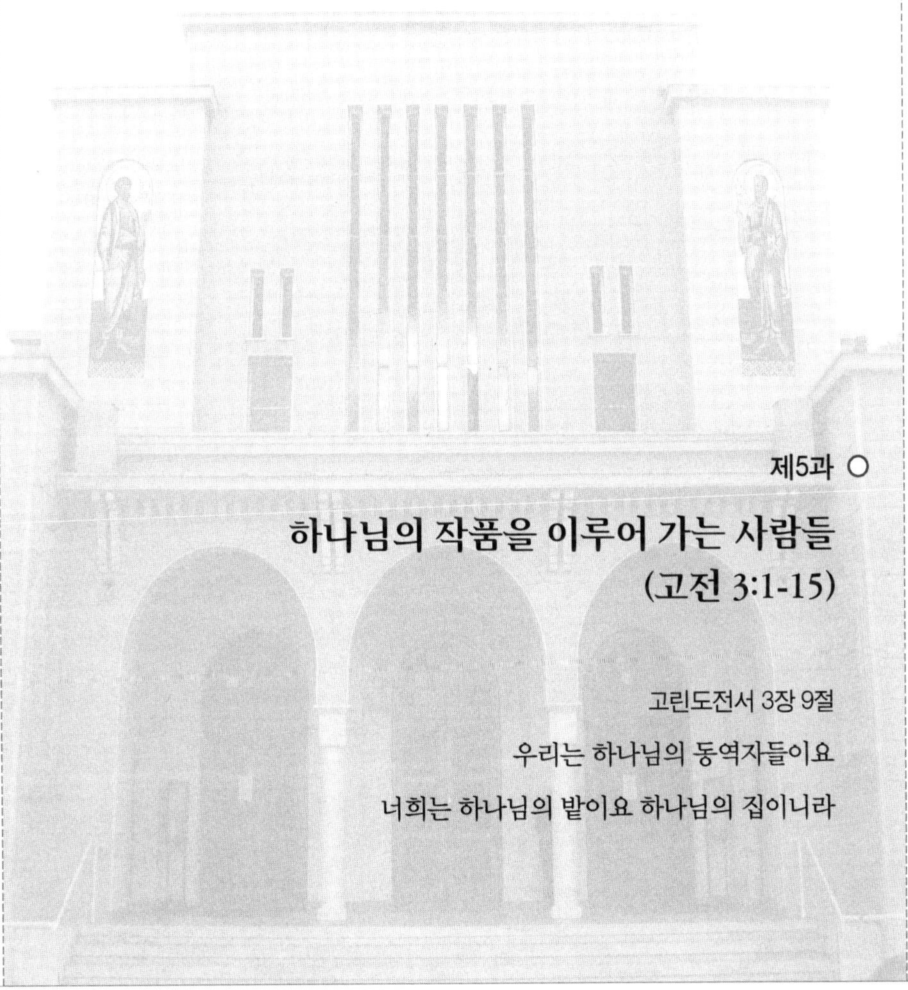

제5과 ○

하나님의 작품을 이루어 가는 사람들 (고전 3:1-15)

고린도전서 3장 9절

우리는 하나님의 동역자들이요

너희는 하나님의 밭이요 하나님의 집이니라

제5과 하나님의 작품을 이루어 가는 사람들 (고전 3:1-15)

♪ 주님 내가 여기 있사오니(5분: 대그룹으로)

주님 내가 여기 있사오니 나를 보내소서
나의 맘 나의 몸 주께 드리오니 주 받으옵소서
주님 내가 여기 있사오니 나를 써 주소서
가진 것 모두 다 주께 드리오니 주 받으옵소서
알렐루야 알렐루야
알렐루야 알렐루야.

1. 본문으로 들어가면서(20분: 대그룹으로)

배정된 본문의 짜임새와 전후 관계 살피기

(1) 학생의 나눔

* 고린도전서 3장 1-15절을 중심으로, 고린도전서 2장 1-16절과 3장 16절-4장 21절의 내용이 어떻게 연결되고 있는지를 개별적으로 연구해 온 내용을 그룹에서 서로 나누어 봅시다.

(2) 인도자의 설명

* 본문의 짜임새와 전후 관계, 속한 장과의 관련성 등을 간략히 설명합니다.

2. 본문 읽기(20분: 소그룹으로)

(1) 읽기

* 다양한 방법으로 본문을 반복하여 여러 번 읽습니다.

1) 각자 본문을 소리 내어 읽어 봅시다.

2) 조원들은 눈을 감은 상태에서 한 사람이 읽어 줍니다. 두 번 계속합니다.

(2) 그리기

* 읽고 들으면서 새롭게 느낀 점이나 감동되는 내용을 적어 봅시다. 그리고 서로 나눠서 읽어 봅시다.

3. 본문 이해하기(40분: 소그룹으로)

(1) 문단 나누기

* 본문의 흐름, 짜임새 등에 관하여 의견을 나누면서 문단을 나눕니다.

1) 본문을 소 단락으로 나누어 보고, 제목을 붙여 봅시다.

3:1-3	육신에 속한 자
3:4-9	자라게 하시는 하나님
3:10-15	공적 심판

2) 소 단락의 내용을 간략하게 이야기해 봅시다.

⑵ 소 단락 읽고 이해하기

1) 본문 1절에 나타나는 두 종류의 사람은 어떤 사람인가? 본문에서 '육신에 속한 자'는 불신자를 의미하는가? 아니면 그리스도인이라고 하지만 성숙하지 못한 자를 의미하는가? 그렇게 생각하는 근거를 본문 말씀에서 찾아봅시다.

본문에 나타나는 두 종류의 사람은 '신령한 자'와 '육신에 속한 자'이다. '신령한 자'는 성숙한 그리스도인으로서 성령을 따라 행하는 사람을 의미하고, '육신에 속한 자'는 아직도 육신의 소욕을 따라서 행하는 사람을 의미한다. 본문에 나타나는 '육신에 속한 자'는 애당초 예수 그리스도를 믿지 않는 불신자를 의미하는 것이 아니고 믿는다고 하면서도 아직 성숙하지 못한 영적 갓난아이를 의미한다. 1절에서 저자는 '형제들아'라고 부르고 있고, 1절 하반절에서 '육신에 속한 자'를 '그리스도 안에서 어린 아이'라고 설명하고 있다.

2) 2절에서 '신령한 자'와 '육신에 속한 자'의 차이를 무엇으로 설명하고 있는가? 또한 본문에서 고린도 교회 교인들을 아직도 '육신에 속한 자'라고 일컬은 근거가 무엇인지 3절에서 찾아서 적어 봅시다.

신령한 자는 밥을 먹을 수 있는 자로, 육신에 속한 자는 젖만 먹을 수밖에 없는 자로 설명한다. 육신에 속한 자는 영적 갓난아이의 상태에 있기 때문에 단단한 음식을 먹을 수가 없다. 특히 고린도 교회 안에 '시기와 분쟁'이 있었다. 이들 가운데 아직도 시기와 분쟁이 있는 것이 바로 그들이 '육신에 속한 자'임을 드러내 준다고 사도 바울은 설명하고 있다.

3) 4절 이후에서 고린도 교회 안에 있는 시기와 분쟁, 특히 바울파와 아볼로파의 다툼에 대해서 설명하고 있는데, 저자는 바울과 아볼로의 역할을 각각 어떻게 묘사하고 있는가? 그리고 하나님의 역할을 어떻게 묘사하고 있는가?

고린도 교회는 바울을 따르는 자들과 아볼로를 따르는 자들로 나뉘어서 서로 시기와 분쟁을 일삼았다. 저자는 바울을 심는 이, 아볼로를 물 주는 이, 하나님을 자라게 하시는 이라고 묘사한다. 바울과 아볼로는 "주께서 각각 주신 대로 너희로 하여금 믿게 한 사역자들"(5절)이다. 즉, 바울과 아볼로는 주님께서 주시는 은혜를 받아 사역할 뿐이며, 주님께서 각각에게 독특한 사명을 맡기시는 것이기 때문에 서로 비교의 대상이 아니다. 바울은 '심는' 사역을, 아볼로는 '물 주는' 사역을 감당할 뿐 "오직 하나님께서 자라나게"(6절) 하신다. 심는 이와 물 주는 이는 '한 가지' 이며 '각각 자기가 일한 대로 자기의 상' 을 받을 뿐이다. 영광 받으실 분은 오직 하나님이시다.

[참고] 9절에서 '하나님' 을 세 번이나 언급하고 있다. '하나님의 동역자', '하나님의 밭', 그리고 '하나님의 집' 등이다. 이것은 무엇보다 '하나님' 을 강조하고 있는 것으로서, 우리 사역자들은 하나님의 일꾼이요, 교회는 하나님이 씨 뿌려 경작하시는 밭일 뿐이고, 하나님이 거하시는 집이기 때문에 오직 영광을 하나님께 돌려야 함을 의미한다고 볼 수 있다.

4) 10-11절에서 사도 바울은 자신을 어떻게 묘사하고 있는가?

앞의 6절에서는 바울이 자신을 '심는 이' 로 묘사하고 있는데, 10절에서는 '건축자' 로 묘사하고 있다. 바울은 세 가지로 자신이 어떤 건축자인지 설명하고 있다. 첫째는 지혜로운 건축자이다. 여기에서의 '지혜로운' 은 '유능한' 의 의미를 지니는데, 자신이 해야 할 일에 정통한 현명한 공인(工人)으로서 일하는 사람을 뜻한다. 둘째는 하나님의 은혜를 따른 건축자이다. 바울의 사도직은 하나님의 은혜로 말미암은 것(롬1:5)으로 자신을 용서하신 하나님의 은총에 근거하고 있음을 고백하고 있다. 셋째는 터를 닦는 건축자이다. 자신이 모든 집을 다 짓는 건축자가 아니라 그에게 분명한 역할이 있는데 그것은 예수 그리스도의 복음을 증거함으로써 교회의 터를 닦는 것이다.

5) 예수 그리스도의 터 위에 무엇을 세우든지 그 날에 공적에 대한 심판이 있게 되는데, 12절에서 예로 들고 있는 여섯 종류의 공적에 대한 비유가 의미하는 바는 무엇이라고 생각하는가?

금, 은, 보석(돌), 나무, 풀, 짚이다. 앞의 세 가지는 불에 타지 않는 견고하고도 영구적인 재료를 의미하며, 뒤의 세 가지는 불에 타 버리는 것들로서 연약하고 일시적인 재료들이다. 먼저 중요한 것은 장차 심판이 있다는 것이다. 현재 하나님의 일을 한다고 하면서 집을 짓는 것처럼 보이지만 그것의 진정성은 심판 날에 드러나게 된다. 그 재료가 어떤 가치를 지닌 것인지는 불로 태워 보면 알게 되는데, 불에도 타지 않는 영원한 가치를 지닌 것, 즉, 예수 그리스도의 복음에 합당한 재료인지, 아니면 인간의 욕심에 근거한 가증스러운 것인지가 드러나게 되어 있다. 당장은 무성하게 보여도 공적 심판에서 타 버리는 것들은 무가치하다는 것을 보여 준다.

6) 15절의 "자신은 구원을 받되 불 가운데서 받은 것 같으리라"는 무엇을 의미한다고 생각하는지 각자의 생각을 나누어 봅시다.

여기에서 '불 가운데서' 라는 표현은 그 원래 뜻이 '불을 통과한 자 같이' 로서 '간신히', '겨우' 를 의미하는 숙어이다. 성도들이 구원받는 것은 예수 그리스도의 십자가의 은혜로 말미암는 것이기 때문에 공적과 관련된 것이 아니다. 그러나 공적이 다 타버리는 것은 그 모든 집을 짓는 데 들인 수고가 헛된 것임을 의미하고, 간신히 구원받는 것에 머무르게 됨을 의미한다. 이는 모든 사역이 다 가치 있는 것이 아니라, 오직 예수 그리스도의 터 위에서, 예수 그리스도의 복음에 합한 사역만이 영원함을 강조하는 것이다.

(3) 중심 낱말과 개념 찾기

(4) 본문과 관련된 다른 성경구절과의 관계 고찰하기

📖 본문 고린도전서 3장 1-4절의 말씀을 갈라디아서 5장 16-26절의 말씀과 연결 지어 생각하되 '육신에 속한 사람'과 '신령한 자' 즉, '영에 속한 사람'의 차이에 초점을 맞추어 봅시다.

🔑 사도 바울이 고린도전서 3장 1-4절에서 언급하는 '육신에 속한 자'는 불신자라기보다는 '그리스도 안에서의 어린아이'인 영적 갓난아이 상태를 지칭한다. 신앙생활을 한다고 하면서도 영에 속한 삶을 사는 것이 아니라 아직 육신의 소욕을 따라 행하는 삶이다. 이것은 사도 바울이 갈라디아 교인들에게 권면하는 내용과 일맥상통한다. "너희는 성령을 따라 행하라 그리하면 육체의 욕심을 이루지 아니하리라"(갈 5:16)는 말씀은 불신자들에게 주어진 말씀이 아니라 이미 믿는 신자들에게 주어진 말씀이다. 예수 그리스도를 믿는다고 하면서도 육신에 속한 자처럼 육신의 소욕을 따라 행하면 성령의 열매를 맺을 수 없다. 오히려 육체의 일에 빠져 죄의 종노릇하게 되는데, "음행과 더러운 것과 분쟁과 시기와 분냄과 당 짓는 것과 분열함과 이단과 투기와 술 취함과 방탕함과 또 그와 같은 것들"(갈 5:19-21)을 행하게 된다. 그러나 '신령한 자'(고전 3:1)는 성령을 따라 행함으로 성령의 열매를 맺게 되는데 "사

랑과 희락과 화평과 오래 참음과 자비와 양선과 충성과 온유와 절제"(갈 5:22)를 행하게 된다. '그리스도 예수의 사람'은 그 정욕과 탐심을 십자가에 못 박고(갈 5:24) 성령의 소욕을 따라 사는 사람이다. 나는 진정 '신령한 자'인가 아니면 아직도 '육신에 속한 사람'인가?

(5) 메시지 찾기

1) 제1메시지:

2) 제2메시지:

3) 제3메시지:

(6) 본문을 재구성하기

휴식(10분)

4. 본문으로 세상 읽기(20분: 소그룹으로)

(1) 본문으로 '나' 읽기

1) 나는 '신령한 자' 인가 아니면 아직도 '육신에 속한 자' 인가? 왜 그렇게 생각하는지 서로 이야기해 봅시다.

2) 나는 어떤 공적을 쌓고 있다고 생각하는가? 금, 은, 보석, 나무, 풀, 짚 가운데 어디에 제일 가깝다고 생각하는가? 그렇게 생각하는 이유가 무엇인지 서로 나누어 봅시다.

(2) 본문으로 '교회' 읽기

1) 오늘날 교회 안에 있는 시기와 분쟁의 문제들에는 어떤 것들이 있는지 말해 봅시다.

2) 한국 교회는 어떤 공적을 쌓고 있다고 생각하는가? 마지막 날에 그 공적에 대한 심판의 결과가 무엇이라고 생각하는가? 그렇게 생각하는 이유를 서로 나누어 봅시다.

(3) 본문으로 '사회' 읽기

1) 사회 속에서 그리스도인들이 '육신에 속한 자'가 아니라 '신령한 자'로 살아갈 때, 어떤 변화가 일어난다고 생각합니까?

2) 오늘날 우리 사회 속에서 당파적인 모습으로 분열되어 있는 현상에는 어떤 것들이 있는가? 이런 현상을 극복할 수 있는 기독교적 대안에 대해 서로 이야기해 봅시다.

5. 삶으로 엮어 내기(20분: 소그룹으로)

(1) '나'의 삶에 적용하고 실천할 수 있는 방안 모색하기

* '육신에 속한 자'가 아닌 '신령한 자'가 되기 위해 내게 필요한 것은 무엇인지 그 실천방안을 생각해 봅시다.

(2) '교회' 삶에 적용하고 실천할 수 있는 방안 모색하기

* 오늘 본문 말씀에 비추어 한국 교회가 변화되어야 할 부분이 무엇인지 말해 봅시다. 그리고 구체적으로 무엇부터 실천할 수 있는지를 이야기해 봅시다.

⑶ '사회(세상)'의 삶에 적용하고 실천할 수 있는 방안 모색하기

* 분열되어 있는 오늘 한국 사회를 치유하기 위해서 그리스도인들이 할 수 있는 일은 무엇인지 생각해 봅시다.

6. 소그룹 마무리(10분: 소그룹으로)

1) 참여자들은 인도자에 대한 평가서를 작성하여 인도자에게 줍니다.

2) 그날 소그룹 활동에 대한 평가와 소감을 나눕니다.

7. 마무리하기(10분: 대그룹으로)

1) 해결하지 못한 사항에 대한 질문, 대답 시간

2) 소그룹 공부를 통해서 결정했던 실천사항들을 대그룹에서 발표

3) 인도자의 소감 발표, 인도자에 대한 평가를 작성하여 발표

4) 다음 수업 본문의 예시, 숙제 제시

* 고린도전서 4장 1-16절의 말씀을 읽고 제목을 붙여 봅시다. 그리고 본문이 어떤 짜임새로 구성되어 있는지 정리하고 고린도전서 4장 1-16절을 중심으로 고린도전서 3장 1-23절과 4장 17절-5장 13절을 읽고, 서로의 연결점을 찾아보고, 그 내용을 기록하여 강의 2일 전까지 제출해 주십시오.

5) 기도로 마무리합니다.

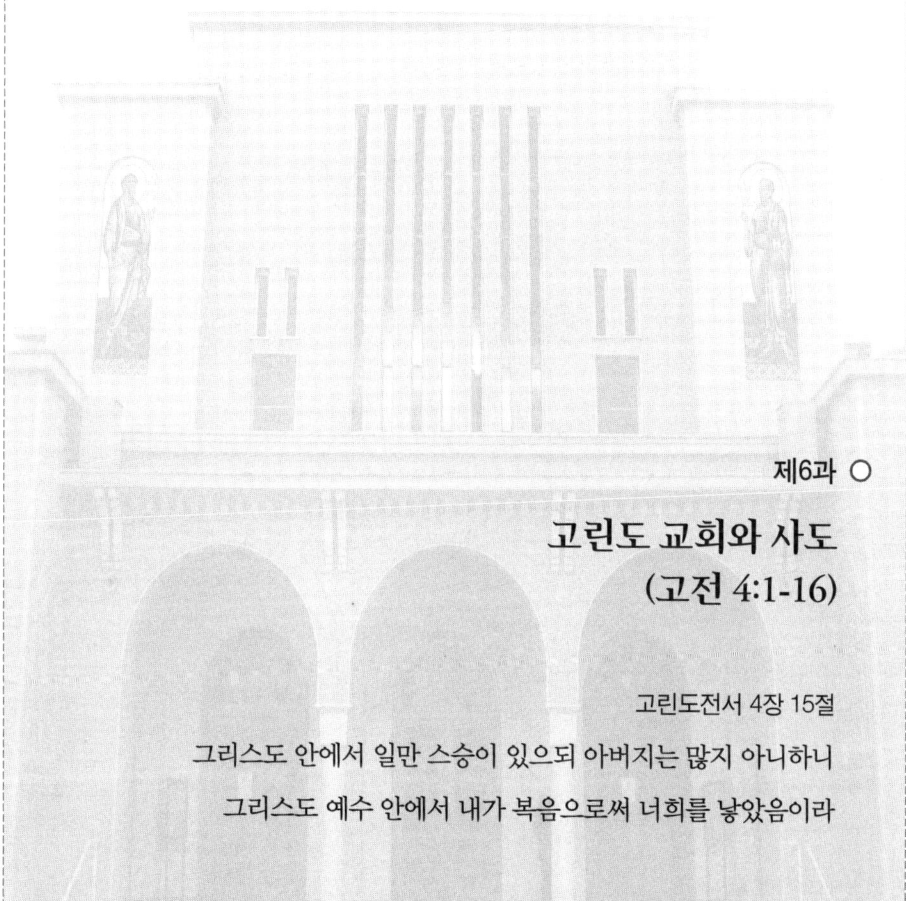

제6과

고린도 교회와 사도
(고전 4:1-16)

고린도전서 4장 15절

그리스도 안에서 일만 스승이 있으되 아버지는 많지 아니하니 그리스도 예수 안에서 내가 복음으로써 너희를 낳았음이라

제6과 고린도 교회와 사도(고전 4:1-16)

♪ 왕이신 나의 하나님(5분: 대그룹으로)

왕이신 나의 하나님
내가 주를 높이고
영원히 주의 이름을
송축하리이다.

1. 본문으로 들어가면서(20분: 대그룹으로)

배정된 분문의 짜임새와 전후 관계 살피기

(1) 학생의 나눔

* 고린도전서 4장 1-16절을 중심으로, 고린도전서 3장 1-23절과 4장 17절-5장 13절의 내용이 어떻게 연결되고 있는지 개별적으로 연구해 온 내용을 조원들과 서로 나누어 봅시다.

(2) 인도자의 설명

* 본문의 짜임새와 전후 관계, 속한 장과의 관련성 등을 간략히 설명합니다.

2. 본문 읽기(20분: 소그룹으로)

(1) 읽기

* 다양한 방법으로 본문을 반복하여 여러 번 읽습니다.

1) 각자 본문을 소리 내어 읽어 봅시다.

2) 조원들은 눈을 감은 상태에서 한 사람이 읽어 줍니다. 두 번 계속합니다.

(2) 그리기

* 읽고 들으면서 새롭게 느낀 점이나 감동되는 내용을 적어 봅시다. 그리고 서로 나눠서 읽어 봅시다.

3. 본문 이해하기(40분: 소그룹으로)

(1) 문단 나누기

* 본문의 흐름, 짜임새 등에 관하여 의견을 나누면서 문단을 나눕니다.

1) 본문을 소 단락으로 나누어 보고, 제목을 붙여 봅시다.

4:1-5	세 종류의 판단
4:6-13	고린도 교인들의 교만과 사도들의 겸비
4:14-16	일만 스승과 아버지

2) 소 단락의 내용을 간략하게 이야기해 봅시다.

(2) 소 단락 읽고 이해하기

1) 1절에서 사도들을 묘사하는 '그리스도의 일꾼'과 '하나님의 비밀을 맡은 자'의 의미가 무엇이라고 생각하는가?

일꾼이나 비밀을 맡은 자로서의 청지기는 모두 종을 의미하는 것으로 사도들 자신이 영광을 받는 존재가 아니라 심부름꾼인 것을 보여 준다. 그러나 '그리스도의 …'와 '하나님의 …'가 가리키듯이 이 칭호는 하나님의 부르심을 받고 하나님이 부여하신 사명을 감당하는 존귀한 직분을 나타내기도 한다. 이것이 하나님의 일꾼이 지니는 겸손과 자부심의 두 측면이라고 할 수 있다.

2) 3-5절에 나타나는 세 가지 판단은 무엇인가? 이 중 충성스러운 종이 되기 위해서 가장 중요하게 여겨야 할 판단은 어떤 판단인가?

본문에 나타나는 세 가지 판단은 '다른 사람의 판단'(3a절), '나의 판단'(3b절), 그리고 '주님의 판단'(4b절)이다. 사도 바울은 이 세 가지 판단 중 다른 사람의 판단을 매우 작은 일로 여겼으며, 스스로도 자신을 판단하지 않는다고 말한다. 그러면서 오직 나를 판단하실 이는 주님이라고 고백하고 있다. 충성스러움은 다른 사람과의 비교나 나 자신의 만족으로부터 오는 것이 아니라, 나에게 사명을 맡기신 하나님 앞에서(Coram Deo), 하나님의 판단만을 구할 때 가능한 것이다. 사람으로부터 칭찬을 구하는 것이 아니라 하나님으로부터의 칭찬(5b절)을 구하는 자세로 수고할 때 충성스러울 수 있다.

3) 사도 바울은 고린도 교회 교인들의 '교만'과 '자랑'을 책망하면서 8-13절에서 고린도 교회 교인들을 '너희'로, 사도들을 '우리'로 지칭하면서 대비시키고 있다. '너희'와 '우리'가 어떻게 다른지 도표를 만들어 대조해 봅시다.

너희: 고린도 교회 교인들	우리 : 사도들
이미 배부르며	죽이기로 작정된 자
이미 풍성하며	끄트머리에 둠
왕이 됨	천사와 사람에게 구경거리
그리스도 안에서 지혜로움	그리스도 때문에 어리석음
강함	약함
존귀함	비천함
	주리고 목마르며 헐벗고 매 맞으며 정처가 없고…
	세상의 더러운 것
	만물의 찌끼

4) 사도 바울은 자신과 고린도 교회 교인들과의 관계를 무엇으로 묘사하고 있는가? 이것은 스승과 학생의 관계와 어떻게 다르다고 생각하는가?

사도 바울은 고린도 교회 교인들을 '내 사랑하는 자녀'로 여기면서 아버지와 자녀의 관계로 설명하고 있다. 사도 바울은 스승과 아버지를 대비시키고 있는데, 사도 바울은 단지 고린도 교인들의 스승이 된 것이 아니라 "복음으로써 너희를 낳은" 아버지라고 고백하면서 '나를 본받으라'고 권면하고 있다. 스승과 아버지의 차이는 다음과 같이 정리될 수 있다.

스승	아버지
가르치기만 하면 됨	해산의 수고를 통해서 낳음
인격적인 관계가 없음	인격적인 관계가 깊음
말로서 전달	삶으로서 본을 보임
지식 중심	자식 중심
일만(一萬) 명이 있음	많지 않음

(3) 중심 낱말과 개념 찾기

(4) 본문과 관련된 다른 성경구절과의 관계 고찰하기

본문 고린도전서 4장 3-5절의 말씀에 나타나는 세 가지 판단을 묵상하고 누가복음 23장 1-25절에 나타나는 빌라도의 판단을 이 말씀에 비추어 해석해 봅시다.

빌라도가 예수님께 "네가 유대인의 왕이냐" 고 물었을 때에 주님께서 "네 말이 옳도다"(눅 23:3)라고 대답하셨음에도 불구하고 그 소리보다는 "무리가 일제히 소리 질러"(눅 23:18) "이 사람을 없이하고 바라바를 우리에게 놓아 주소서" 라고 외치는 소리에 귀를 기울이게 된다. 누가복음 기자는 "그들이 큰 소리로 재촉하여 십자가에 못 박기를 구하니 그들의 소리가 이긴지라"(눅 23:23)라고 기록하고 있다. 결국 빌라도는 "그들이 구하는 대로 하기로"(눅 23:24) 결정하고 "그들의 뜻대로"(눅 23:25) 하게 하였다. 빌라도가 예수님을 재판하는 과정에서 보여 준 이와 같은 모습은, '다른 사람' 의 판단을 크게 생각하고 그것에 의해 움직임으로 결국 '주님의 판단' 을 저버리게 된 안타까운 모습이다. 빌라도가 "너희에게나 다른 사람에게나 판단 받는 것이 내게는 매우 작은 일이라 나도 나를 판단하지 아니하노니 … 다만 나를 심판하실 이는 주시니라"(고전 4:3)고 사도 바울처럼 고백할 수 있었다면 예수 그리스도를 십자가의 죽음으로 몰아가는 어리석음을 범하지 않았을 것이다. 나는 사도 바울과 빌라도 중 누구와 더 비슷한 모습입니까?

(5) 메시지 찾기

1) 제1메시지:

2) 제2메시지:

3) 제3메시지:

(6) 본문을 재구성하기

* 본문의 내용을 1인칭으로 기록하여 사도 바울 자신의 고백 또는 간증으로 재구성하여 기록해 봅시다. 그리고 그것을 나의 고백 또는 간증으로 생각하며 읽어 봅시다.

휴식(10분)

4. 본문으로 세상 읽기(20분: 소그룹으로)

(1) 본문으로 '나' 읽기

1) 나는 '다른 사람의 판단,' '나 자신의 판단,' 그리고 '주님의 판단' 중 어느 판단에 가장 민감한지, 그 이유는 무엇인지 서로 이야기해 봅시다.

2) 당시 사도들이 어떤 모습이었는지를 8-13절을 통해 묵상해 보고, 현재의 나의 모습과 어떻게 다른지 생각해 봅시다.

(2) 본문으로 '교회' 읽기

1) 오늘날 한국 교회의 목회자들과 본문에 나타나는 사도들과의 차이점은 무엇이라고 생각하는가?

2) 교회의 사역자로서 나는 스승인가 아니면 아버지인가? 그렇게 생각하는 근거는 무엇인지 서로 이야기해 봅시다.

(3) 본문으로 '사회' 읽기

1) 우리나라의 유교적 체면문화가 '다른 사람의 판단' 을 지나치게 크게 생각하도록 하는 경향이 있습니다. 그러한 사회 현상에는 어떤 것이 있는지 이야기해 봅시다.

2) 이러한 사회 현상을 변화시키기 위해서는 어떤 노력이 필요한지 생각해 보고, 이를 서로 나누어 봅시다.

5. 삶으로 엮어 내기(20분: 소그룹으로)

(1) '나'의 삶에 적용하고 실천할 수 있는 방안 모색하기

* 일만 스승이 아니라 아버지 같은 사역자가 되기 위해서 나에게 필요한 변화는 무엇인지 서로 이야기해 봅시다.

(2) '교회' 삶에 적용하고 실천할 수 있는 방안 모색하기

* 한국 교회의 목회자들이 다른 사람의 판단에 얼마나 영향을 받는다고 생각하는가? 어떻게 다른 사람의 판단, 특히 같은 목회자들끼리의 비교의식을 극복할 수 있을지 서로 이야기해 봅시다.

(3) '사회' 속에서 적용하고 실천할 수 있는 방안 모색하기

* 이 사회 속에서 다른 사람의 판단과 세상의 가치관을 극복할 수 있기 위해서 나에게 필요한 것이 무엇인지 생각해 봅시다.

6. 소그룹 마무리(10분: 소그룹으로)

1) 참여자들은 인도자에 대한 평가서를 작성하여 인도자에게 줍니다.

2) 그날 소그룹활동에 대한 평가와 소감을 나눕니다.

7. 마무리하기(10분: 대그룹으로)

1) 해결하지 못한 사항에 대한 질문, 대답 시간

2) 소그룹 공부를 통해서 결정했던 실천사항들을 대그룹에서 발표

3) 인도자의 소감 발표, 인도자에 대한 평가를 작성하여 발표

4) 다음 수업 본문의 예시, 숙제 제시

① 고린도전서 5장 1-13절의 말씀은 고린도 교회 안에 있는 음행의 문제에 대한 사도 바울의 교훈입니다. 본문을 읽고 어떤 짜임새로 구성되어 있는지를 정리하고 고린도전서 5장 1-13절을 중심으로 고린도전서 4장 1-21절과 6장 1-20절을 읽고, 서로의 연결점을 찾아보고, 그 내용을 기록하여 강의 2일 전까지 제출해 주십시오.

② 한국 교회의 성윤리 문제에 대한 기사나 글을 스크랩해서 가지고 옵시다.

5) 기도로 마무리합니다.

제7과 ○

음행을 피하라(고전 5:1-13)

고린도전서 5장 7절

너희는 누룩 없는 자인데

새 덩어리가 되기 위하여 묵은 누룩을 내버리라

우리의 유월절 양 곧 그리스도께서 희생되셨느니라

제7과 음행을 피하라(고전 5:1-13)

♪ 살피소서(5분: 대그룹으로)

살피소서 오 나의 하나님
내 마음속을 살펴보소서
내 마음에 죄 숨어 있으니
내 죄를 씻어 자유 줍소서.

1. 본문으로 들어가면서(20분: 대그룹으로)

배정된 본문의 짜임새와 전후 관계 살피기

(1) 학생의 나눔

＊ 고린도전서 5장 1-13절을 중심으로, 고린도전서 4장 1-21절과 6장 1-20절의 내용이 어떻게 연결되고 있는지를 개별적으로 연구해 온 내용을 그룹에서 서로 나누어 봅시다.

(2) 인도자의 설명

＊ 본문의 짜임새와 전후 관계, 속한 장과의 관련성 등을 간략히 설명합니다.

2. 본문 읽기(20분: 소그룹으로)

(1) 읽기

＊ 다양한 방법으로 본문을 반복하여 여러 번 읽습니다.

1) 각자 본문을 소리 내어 읽어 봅시다.

2) 조원들은 눈을 감은 상태에서 한 사람이 읽어 줍니다. 두 번 계속합니다.

(2) 그리기

* 읽고 들으면서 새롭게 느낀 점이나 감동되는 내용을 적어 봅시다. 그리고 서로 나눠서 읽어 봅시다.

(3) 과제 나누기

* 각자 가지고 온 한국 교회의 성윤리 문제에 대한 스크랩을 서로 나누어 읽어 봅시다.

3. 본문 이해하기(40분: 소그룹으로)

(1) 문단 나누기

* 본문의 흐름, 짜임새 등에 관하여 의견을 나누면서 문단을 나눕니다.

1) 본문을 소 단락으로 나누어 보고, 제목을 붙여 봅시다.

5:1-5	음행의 문제
5:6-8	적은 누룩
5:9-13	교회 안의 윤리

2) 소 단락의 내용을 간략하게 이야기해 봅시다.

(2) 소 단락 읽고 이해하기

1) 본문에서 사도 바울이 지적하고 있는 고린도 교회 안의 음행의 문제는 구체적으로 어떤 문제이며, 이 음행에 대한 고린도 교회 교인들의 태도는 어떠하였습니까?

본문에 나타난 고린도 교회 안의 음행의 문제는 교인 중의 한 사람이 자기 계모, 즉 아버지의 아내와 함께 사는 범죄이다. 고린도 교회 교인들은 영적으로 교만하여져서 이런 음행의 문제에 대해 통한히 여기지 않고 음행한 자를 교회에서 내쫓지 않았다. 사도 바울은 이런 모습에 대해 안타까워하며 책망하고 있다.

2) 본문에 나타난 사도 바울의 책망, 즉 교회 안에서 범죄 하는 사람에 대한 치리의 방식이 지니는 특징은 무엇인지 서로 이야기해 봅시다.

먼저 사도 바울은 교회 안의 범죄에 대해 '통한히' 여길 것(2절)을 말씀하고 있다. 죄에 대해 둔감한 것이 아니라 죄에 민감하면서 이를 안타깝게 여기고 슬퍼해야 한다. 그리고 단호하게 범죄한 자를 교회로부터 쫓아냄으로써(2b절) 교회의 거룩성과 순결성을 보호해야 한다. 그러나 그 과정에 있어서 공동체적으로 접근할 것을 권면하고 있는데, "주 예수의 이름으로 너희가 내 영과 함께 모여서"(4절) 결정할 것을 부탁하고 있다. 그리고 무엇보다 이러한 책망과 치리는 그 범죄자를 파괴하려는 목적이 아니라 그의 영이 "주 예수의 날에 구원을 받게"(5절) 하려는 것임을 분명히 하고 있다.

3) 본문에서 음행을 적은 누룩에 비유하고 있습니다. 음행과 적은 누룩이 갖는 공통점이 무엇인지 서로 이야기해 봅시다.

누룩은 빵을 부풀게 하는 효소를 말하는데, 적은 누룩일지라도 "온 덩어리에 퍼지는" 성질을 지니고 있다. 음행이라고 하는 범죄 역시 마치 적은 누룩과 같이 겉으로 그 문제가 크게 보이지 않는다고 할지라도 그것을 용납하게 되면 교회 전체에 신속하게 퍼져서 교회를 타락하게 만들 수 있다. 마치 전염병이 신속하게 퍼져서 순식간에 수많은 사람을 병들어 죽게 하듯이, 적은 누룩과 같은 음행의 범죄도 빠른 속도로 확산되어서 교회 전체를 오염시킬 수 있는 것이다. 음행과 적은 누룩의 관계는 교회 공동체적인 차원만이 아니라 개인적인 차원에서도 적용될 수 있는데, 음행을 용납하는 범죄가 악한 영향력의 확산으로 나타나 삶의 모든 영역을 마비시킬 수 있다.

4) 사도 바울은 누룩을 말하면서 유월절 예식에서 묵은 누룩을 내어 버리는 행위를 비유적으로 사용하고 있는데, 그 의미가 무엇인지 생각해 보고, 성적 범죄에 대해서 그리스도인들이 어떤 태도를 지닐 것을 말씀하고 있는지를 이야기해 봅시다.

사도 바울은 누룩에 대해 언급하면서 단지 일반적인 누룩의 성향에 대해서 말하지 않고 유월절 예식에서 누룩 있는 떡을 내어 버리고 누룩 없는 무교병을 먹는 행위를 비유로 설명하고 있다. 유월절 축제는 이스라엘의 모든 집에 있는 누룩 있는 떡을 완전히 제거한 이후에 지키도록 되어 있다. 출애굽기 12장 15절에는 "너희는 이레 동안 무교병을 먹을지니 그 첫날에 누룩을 너희 집에서 제하라 무릇 첫날부터 일곱째 날까지 유교병을 먹는 자는 이스라엘에서 끊어지리라" 고 기록되어 있다(그 외에도 출 13:7; 신 16:3-4 참조) 묵은 누룩을 내버리는 것은 우리가 유월절 양 곧 그리스도로 말미암아 누룩 없는 '새 덩어리'가 되었음을 의미하고 더 이상에 죄와 옛 성품에 속하지 않고 의와 새 성품에 참여하게 되었음을 의미한다. 사도 바울은 이 비유를 통해 음행과 같은 성적 범죄를 척결하고 그리스도인답게 거룩함과 경건함에 이를 것을 촉구하고 있다.

5) 사도 바울은 그 전에 고린도 교회에 보낸 편지에서 언급한 "음행하는 자들을 사귀지 말라"는 말의 의미를 설명하고 있는데, 그 내용이 무엇인지 설명해 봅시다.

"음행하는 자들을 사귀지 말라"는 것은 세상의 모든 음행하는 사람과 사귀지 말라는 의미가 아니라 "형제라 일컫는 자"(11절), 즉 교회 안의 그리스도인 가운데 음행하는 자와 사귀지 말고 그들을 내어 쫓으라는 의미이다. 이렇게 함으로서 음행한 자가 회개할 수 있는 기회를 갖게 할 뿐 아니라 교회의 거룩성과 순결성을 유지할 수 있다고 본 것이다. 사도 바울은 이 말을 만약 이 세상의 음행하는 자들과 "도무지 사귀지 말라"(10절)는 것으로 이해하면 "너희가 세상 밖으로 나가야 할 것"(10b절)이라고 설명한다.

6) 사도 바울은 음행의 죄를 범한 사람에 대하여 단호하게 "밖에 있는 사람들은 하나님이 심판하시려니와 이 악한 사람은 너희 중에서 내쫓으라"고 권면합니다. 교회 안에 있는 성도들의 범죄에 이렇게 엄격해야 하는 이유는 무엇이라고 생각합니까?

세상을 변화시키기 위해서도 교회의 거룩성은 보호되어야 한다. 빛이 어두워지면 어두움을 밝힐 수가 없다. 죄는 마치 누룩과 같아서 순식간에 퍼져서 교회를 부패하게 만든다. 교회 안의 죄에 대해서 척결하지 못한 채 교회 밖의 세상에서 벌어지는 범죄를 척결할 수 없다. 그리고 이러한 치리는 그 사람으로 하여금 회개케 하여 최종적으로 구원하는 데에 목적이 있으며, 다른 교회 구성원들에게 죄를 멀리하도록 경종을 울리는 기회를 제공한다.

(3) 중심 낱말과 개념 찾기

(4) 본문과 관련된 다른 성경구절과의 관계 고찰하기

📖 본문 고린도전서 5장 6-8절과 마태복음 16장 6절, 11-12절의 내용에 나타나는 '누룩' 의 공통점을 생각해 봅시다.

🔑 고린도전서 5장 6절은 음행의 죄악을 '적은 누룩' 에 비유하고 있다. 적은 누룩일지라도 순식간에 떡을 부풀게 하듯이 음행의 죄악은 전염성이 강하여 빠른 속도로 교회 공동체를 오염시킬 수 있다. 예수님께서도 이런 전염성이 강한 죄악을 누룩으로 설명하고 있는데, 마태복음 16장 6절에서 "삼가 바리새인과 사두개인들의 누룩을 주의하라" 고 말씀하신다. 바리새인과 사두개인들의 그릇된 가르침이 마치 누룩과 같이 '악한 영향력' 을 끼치기 때문에 주의하라고 경고하신 것이다. 처음에는 제자들이 주님의 이 말씀을 이해하지 못하고 떡을 가져오지 않은 것에 대한 지적으로 이해하였으나(16:7), 뒤늦게 그 의미를 깨닫게 되었다(12절). 그러므로 우리도 나에게 어떤 나쁜 누룩이 있는지를 살펴, 주님의 말씀대로 '삼가 주의하고' 사도 바울의 말씀대로 '묵은 누룩을 내버려야' 할 것이다.

(5) 메시지 찾기

1) 제1메시지:

2) 제2메시지:

3) 제3메시지:

(6) 본문을 재구성하기

* 본문의 내용을 한국 교회의 상황에 적용하되 '한국 교회에 고함' 이라는 제목으로 적어 봅시다. 그리고 이를 서로 나누어 봅시다.

휴식(10분)

4. 본문으로 세상 읽기(20분: 소그룹으로)

(1) 본문으로 '나' 읽기

1) 나의 삶 속에 음행과 같은 성적인 범죄를 포함해 적은 누룩같이 숨겨져 있는 죄악은 없는지 살펴봅시다. 나는 그러한 죄악에 대해서 통한히 여기고 있는가?

2) 나는 교회나 공동체 안의 범죄에 대해서 어떤 태도를 지니고 있는가? 본문 말씀에 비추어 나의 태도가 올바른지 살펴봅시다.

(2) 본문으로 '교회' 읽기

1) 오늘날 한국 교회 내의 성적 범죄가 어느 정도 수준이라고 생각하는가? 가장 심각한 문제는 무엇이라고 생각하는지 서로 이야기해 봅시다.

2) 한국 교회에서 '치리'가 회복되어야 한다는 주장에 대해서 어떻게 생각하는지 서로 이야기해 봅시다.

⑶ 본문으로 '사회' 읽기

1) 텔레비전을 비롯한 대중 매체에서 성적인 범죄가 미화되거나 소홀히 여겨지는 경향이 있다면 그 예를 생각해 봅시다.

2) 사회 속에 만연한 음행과 성적인 범죄를 해결하기 위해서는 어떤 노력이 필요하다고 생각하는지 서로 이야기해 봅시다.

5. 삶으로 엮어 내기(20분: 소그룹으로)

(1) '나'의 삶에 적용하고 실천할 수 있는 방안 모색하기

* 그리스도인인 나 자신의 삶이 어떻게 보다 거룩하고 순결해질 수 있을지 구체적인 실천방안을 모색해 봅시다.

(2) '교회' 삶에 적용하고 실천할 수 있는 방안 모색하기

* 교회 안에 있는 구성원의 죄악(음행, 탐욕, 우상숭배, 모욕, 술 취함, 속여 빼앗기)을 알게 되었을 때 우리 자신이 어떻게 하는 것이 좋을지 서로 이야기해 봅시다.

(3) '사회' 속에서 적용하고 실천할 수 있는 방안 모색하기

* 우리 사회와 문화를 보다 거룩하고 순결하게 변화시키기 위해서 내가 실천할 수 있는 일이 무엇인지 생각해 봅시다.

6. 소그룹 마무리(10분: 소그룹으로)

1) 참여자들은 인도자에 대한 평가서를 작성하여 인도자에게 줍니다.

2) 그날 소그룹활동에 대한 평가와 소감을 나눕니다.

7. 마무리하기(10분: 대그룹으로)

1) 해결하지 못한 사항에 대한 질문, 대답 시간

2) 소그룹 공부를 통해서 결정했던 실천사항들을 대그룹에서 발표

3) 인도자의 소감 발표, 인도자에 대한 평가를 작성하여 발표

4) 다음 수업 본문의 예시, 숙제 제시

* 고린도전서 7장 1-16절을 읽고 제목을 붙여 봅시다. 그리고 어떤 짜임새로 구성되어 있는지를 정리하고 고린도전서 7장 1-16절을 중심으로 고린도전서 6장 1-20절과 7장 17절-8장 13절을 읽고, 서로의 연결점을 찾아보고, 그 내용을 기록하여 강의 2일 전까지 제출해 주십시오.

5) 기도로 마무리합니다.

제8과

결혼생활에 대한 교훈(고전 7:1-16)

고린도전서 7장 7절

나는 모든 사람이 나와 같기를 원하노라
그러나 각각 하나님께 받은 자기의 은사가 있으니
이 사람은 이러하고 저 사람은 저러하니라

제8과 결혼생활에 대한 교훈(고전 7:1-16)

♪ 하나님께서는 우리의 만남을(5분: 대그룹으로)

하나님께서는 우리의 만남을
계획해 놓으셨네 우린 하나 되어
어디든 가리라 주 위해서라면
무엇이든 하리라 당신과 함께
우리는 하나 되어 함께 걷네
하늘 아버지 사랑 안에서
우리는 기다리며 기도하네
우리의 삶에 사랑 넘치도록.

1. 본문으로 들어가면서(20분: 대그룹으로)

배정된 본문의 짜임새와 전후 관계 살피기

(1) 학생의 나눔

* 고린도전서 7장 1-16절을 중심으로, 고린도전서 6장 1-20절과 7장 17절-8장 13절의 내용이 어떻게 연결되고 있는지를 개별적으로 연구해 온 내용을 그룹에서 서로 나누어 봅시다.

(2) 인도자의 설명

* 본문의 짜임새와 전후 관계, 속한 장과의 관련성 등을 간략히 설명합니다.

2. 본문 읽기(20분: 소그룹으로)

(1) 읽기

* 다양한 방법으로 본문을 반복하여 여러 번 읽습니다.

1) 각자 본문을 소리 내어 읽어 봅시다.

2) 조원들은 눈을 감은 상태에서 한 사람이 읽어 줍니다. 두 번 계속합니다.

(2) 그리기

* 읽고 들으면서 새롭게 느낀 점이나 감동되는 내용을 적어 봅시다. 그리고 서로 나눠서 읽어 봅시다.

3. 본문 이해하기(40분: 소그룹으로)

(1) 문단 나누기

* 본문의 흐름, 짜임새 등에 관하여 의견을 나누면서 문단을 나눕니다.

1) 본문을 소 단락으로 나누어 보고, 제목을 붙여 봅시다.

7:1-7	결혼과 독신에 대한 권면
7:8-16	결혼과 이혼에 대한 권면
8-9	결혼하지 아니한 자들과 과부들에 대한 권면
10-11	결혼한 자들에 대한 권면
12-16	불신자와 결혼한 자들에 대한 권면

2) 소 단락의 내용을 간략하게 이야기해 봅시다.

(2) 소 단락 읽고 이해하기

1) 사도 바울은 결혼 문제에 대해 고린도 교회가 질문한 것에 답하고 있는데, 독신과 결혼에 대한 사도 바울의 견해를 각자 정리해서 서로 나누어 봅시다.

독신에 대한 사도 바울의 입장은 '남자가 여자를 가까이 아니함이 좋다' (1절)는 말씀과 '나는 모든 사람이 나와 같기를 원하노라' (7절)는 말씀을 한 것으로 보아 부정적이지 않음을 알 수 있다. 그러나 '남자마다 자기 아내를 두고 여자마다 자기 남편을 두라' (2절)고 권면하고 있는 점과 독신에 대해서 '각각 하나님께 받은 자기의 은사' (7절)대로 해야 한다고 권면하고 있는 것은 독신을 제한적으로 인정하는 입장임을 알 수 있다. 결혼에 대해서는 '음행을 피하기' (2절) 위한 것을 중요한 목적으로 이해하고 있으며, 남편과 아내, 아내와 남편이 서로에게 의무를 다할 것을 권면하고 있다. 남편과 아내가 각각 자기 몸을 주장할 권리가 있는 것이 아니라 상대편에게 있음을 상기시키며, 기도 외에는 분방하지 말 것을 권면하고 있다. 즉, 사도 바울은 결혼을 긍정하면서 부부가 서로 존중하며 서로에 대한 도리를 다할 것을 권하고 있다.

2) 1-7절에서 사도 바울이 남녀를 평등하게 대하고 있음을 보여 주는 내용은 어떤 것들이 있는지 서로 이야기해 봅시다.

2절, 3절, 4절에 계속 반복해서 남자의 경우와 여자의 경우를 같은 비중으로 언급하고 있다. 2절에 '남자마다 자기 아내를 두고 여자마다 자기 남편을 두라' 고 말씀하고 있고, 3절에 '남편은 그 아내에 대한 의무를 다하고 아내도 그 남편에게 그렇게 할지라'

고 말씀하며, 4절에 '아내는 자기 몸을 주장하지 못하고 오직 그 남편이 하며 남편도 그와 같이 자기 몸을 주장하지 못하고 오직 그 아내가 하나니' 라고 권면하고 있다. 또한 5절에서는 서로 분방하는 경우도 '합의하여' 할 것을 권하고 있는데, 남편과 아내가 동등한 자격으로 상의하는 것을 의미한다. 이 점에서 사도 바울은 가부장적인 편견을 지니고 있기보다는 남편과 아내, 남자와 여자에 대한 평등한 입장을 지니고 있음을 알 수 있는데, 이는 당시의 남성위주의 문화적 상황을 고려할 때 놀라운 일이다.

3) 사도 바울이 결혼생활에 있어서도 경건한 삶이 중요하다고 언급한 구절들에는 어떤 것들이 있는지 본문에서 찾아 적어 보고 이를 나누어 봅시다.

2절, '음행을 피하기 위하여'
5절, '기도할 틈을 얻기 위하여'
5절, '너희가 절제 못함으로 말미암아 사탄이 너희를 시험하지 못하게 하려 함'

4) 사도 바울은 8-16절에서 결혼과 관련하여 세 부류의 대상으로 나누어 권면하고 있습니다. 각각의 대상에 따른 권면이 어떻게 다른지 아래의 도표를 작성하고, 이를 서로 나누어 봅시다.

구절	대상	권면의 내용
8-9	결혼하지 아니한 자들과 과부들	그대로 지내는 것이 좋으나 절제할 수 없거든 결혼하라.
10-11	결혼한 자들	이혼하지 말라. 만일 갈라섰으면 그대로 지내든지 다시 합하라.
12-16	불신자와 결혼한 자들	믿지 않는 배우자가 함께 살기를 좋아하거든 이혼하지 말라.

5) 사도 바울은 믿지 아니하는 남편이나 아내를 버리지 말 것을 권면하고 있는데, 그 이유가 무엇이라고 말씀하고 있는지 본문에서 찾아보고 서로 나누어 봅시다.

사도 바울은 믿지 아니하는 남편이나 아내가 믿는 배우자를 통해서 거룩하게 될 수 있음(14절)을 말씀하고 있고, 믿는 배우자를 통해 믿지 아니하는 배우자가 구원받을 수 있음(16절)을 말씀하고 있다. 즉, 부부 관계에서 믿지 않는 자를 통한 영향력보다 믿는 배우자의 신앙적 영향력이 강하고, 또 강해야 함을 강조하고 있다. 그리고 무엇보다 하나님께서 우리를 화평 중에서 부르셨음(15절)을 상기시키며 가능한 한 화목하고 평화롭게 지내는 것이 옳음을 말씀하고 있다.

(3) 중심 낱말과 개념 찾기

(4) 본문과 관련된 다른 성경구절과의 관계 고찰하기

본문 고린도전서 7장 10-16절의 말씀을 마태복음 5장 31-32절의 말씀에 나타나는 예수님의 이혼에 대한 교훈과 비교하여 이해해 봅시다.

예수님은 산상보훈의 한 부분인 마태복음 5장 31-32절에서 이혼에 대해 교훈하신다. "또 일렀으되 누구든지 아내를 버리려거든 이혼 증서를 줄 것이라 하였으나 나는 너희에게 이르노니 누구든지 음행한 이유 없이 아내를 버리면 이는 그로 간음하게 함이요 또 누구든지 버림받은 여자에게 장가드는 자도 간음함이니라." 즉 음행의 이유 외에는 철저하게 이혼을 금하신다. 사도 바울은 이 명령에 의지하여 고린도전서 7장 10절에서 이혼하지 말 것을 말씀하며, “명하는 자는 내가 아니요 주시라” 고 언급하고 있다. 이 점에서 이미 결혼한 자들에 대한 사도 바울의 교훈은 예수님의 교훈과 일치한다. 그러나 사도 바울은 불신자와 결혼한 사람에 대한 교훈에 있어서 “이는 주의 명령이 아니라” 고 하면서 예수님의 이혼에 대한 교훈을 따르면서도 이를 율법주의적으로 해석하지 않음을 알 수 있다. 특히 15절에서 “혹 믿지 아니하는 자가 갈리거든 갈리게 하라” 는 말씀으로 다른 해석의 여지를 남기고 있다. 그럼에도 불구하고 사도 바울도 “하나님은 화평 중에서 너희를 부르셨느니라”(15b절) 고 말씀하며, 믿지 않는 남편 또는 아내를 구원할 수 있으니 이혼하지 말라고 말씀하고 있다.

(5) 메시지 찾기

1) 제1메시지:

2) 제2메시지:

3) 제3메시지:

(6) 본문을 재구성하기

1) 본문에 나타나는 독신, 결혼, 이혼의 여러 가지 상황들을 상담 질문으로 재구성해 봅시다.

2) 고린도 교회 교인들이 각각의 문제를 갖고 사도 바울에게 상담할 때 사도 바울이 그 상담 질문에 대해 답하는 형태의 역할극을 해 봅시다(조원 중 한 사람이 사도 바울의 역할을 하고, 다른 조원들은 각각의 문제를 질문하는 피상담자의 역할을 합니다).

휴식(10분)

4. 본문으로 세상 읽기(20분: 소그룹으로)

(1) 본문으로 '나' 읽기

1) 본문에 비추어 자신의 결혼과 독신에 대한 관점이 성경적이었는지를 점검해 봅시다.

2) 사도 바울은 불신 배우자를 구원할 수 있음을 강조합니다. 나의 가족 중에 아직 믿지 않는 자들이 있다면 이들의 구원을 위해 어떤 노력을 기울이고 있는지를 말해 봅시다.

(2) 본문으로 '교회' 읽기

1) 오늘날 교회 안에서도 이혼하는 가정이 많은데, 본문 말씀에 비추어 볼 때 어떻게 이해해야 할지 각자의 견해를 서로 이야기해 봅시다.

2) 청년부에서 '결혼특강'을 한다면 가장 강조하고 싶은 내용이 무엇인지 서로 이야기해 봅시다.

(3) 본문으로 '사회' 읽기

1) 오늘날 우리 사회의 결혼에 대한 관념이 어떠한지 본문에 비추어서 설명해 봅시다.

2) 우리나라의 이혼율이 높은 이유가 무엇인지 생각해 보고, 이를 해결하기 위해서는 어떤 노력이 필요한지 이야기해 봅시다.

5. 삶으로 엮어 내기(20분: 소그룹으로)

(1) '나'의 삶에 적용하고 실천할 수 있는 방안 모색하기

* 나의 삶 속에서 남녀평등에 위배되는 모습들은 어떤 것들이 있는지를 살펴보고, 이를 변화시키기 위해 내게 필요한 실천사항이 무엇인지 나누어 봅시다.

(2) '교회' 삶에 적용하고 실천할 수 있는 방안 모색하기

* 교회 안에서 누군가의 결혼과 독신, 이혼에 관한 상담을 해 본 적이 있습니까? 이를 나누면서 이런 문제 상황에 대해서 어떻게 답할지를 생각해 봅시다.

(3) '사회' 속에서 적용하고 실천할 수 있는 방안 모색하기

* 우리 사회 속에 존재하는 남녀 불평등의 현상을 생각해 보고, 이를 극복하기 위해서 어떤 변화가 필요한지 서로 이야기해 봅시다.

6. 소그룹 마무리(10분: 소그룹으로)

1) 참여자들은 인도자에 대한 평가서를 작성하여 인도자에게 줍니다.

2) 그날 소그룹활동에 대한 평가와 소감을 나눕니다.

7. 마무리하기(10분: 대그룹으로)

1) 해결하지 못한 사항에 대한 질문, 대답 시간

2) 소그룹 공부를 통해서 결정했던 실천사항들을 대그룹에서 발표

3) 인도자의 소감 발표, 인도자에 대한 평가를 작성하여 발표

4) 다음 수업 본문의 예시, 숙제 제시

* 고린도전서 9장 1-27절의 말씀을 읽고 제목을 붙여 봅시다. 그리고 어떤 짜임새로 구성되어 있는지를 정리하고 고린도전서 9장 1-27절을 중심으로 고

린도전서 8장 1-13절과 10장 1-33절을 읽고, 서로의 연결점을 찾아보고, 그 내용을 기록하여 강의 2일 전까지 제출해 주십시오.

5) 기도로 마무리합니다.

제9과

그리스도의 일꾼들의 자기관리 (고전 9:1-27)

고린도전서 9장 26-27절

그러므로 나는 달음질하기를 향방 없는 것 같이 아니하고

싸우기를 허공을 치는 것 같이 아니하며

내가 내 몸을 쳐 복종하게 함은 내가 남에게 전파한 후에

자신이 도리어 버림을 당할까 두려워함이로다

제9과 그리스도의 일꾼들의 자기관리(고전 9:1-27)

♪ **새 찬송가 366장(5분: 대그룹으로)**

1. 어두운 내 눈 밝히사 진리를 보게 하소서
   진리의 열쇠 내게 주사 참 빛을 찾게 하소서
   깊으신 뜻을 알고자 엎드려 기다리오니
   내 눈을 뜨게 하소서. 성령이여!
2. 막혀진 내 귀 여시사 주님의 귀한 음성을
   이 귀로 밝히 들을 때에 내 기쁨 한량없네
   깊으신 뜻을 알고자 엎드려 기다리오니
   내 귀를 열어 주소서. 성령이여!
3. 봉해진 내 입 여시사 복음을 널리 전하고
   차가운 내 맘 녹여 주사 사랑을 하게 하소서
   깊으신 뜻을 알고자 엎드려 기다리오니
   내 입을 열어 주소서. 성령이여!

1. 본문으로 들어가면서(20분: 대그룹으로)

배정된 본문의 짜임새와 전후 관계 살피기

(1) 학생의 나눔

* 고린도전서 9장 1-27절을 중심으로, 고린도전서 8장 1-13절과 10장 1-33절의 내용이 어떻게 연결되고 있는지를 개별적으로 연구해 온 내용을 중심으로 그룹에서 서로 나누어 봅시다.

(2) 인도자의 설명

* 본문의 짜임새와 전후 관계, 속한 장과의 관련성 등을 간략히 설명합니다.

참 . 고 . 자 . 료

고린도 도시는 신전으로 가득 찬 곳이다. 그만큼 우상도 많은 도시이다. 5절에 "하늘에나 땅에나 신이라 불리는 자가 있어 많은 신(gods)과 많은 주(lords)가 있다"고 말한다. 그렇기 때문에 시장에 나오는 모든 물건은 먼저 신전에 바쳐지고, 그 후에 시장으로 나온다. 그래야 장사가 잘 된다고 그들은 믿었기 때문이다. 이런 물건이나 음식 때문에 고린도 교인들은 둘로 나뉘어졌는데, 이 두 그룹은 우상은 실상 없는 것이기 때문에 묻지 말고 먹어도 된다고 주장하는 사람들과 우상숭배가 습관이 되어 우상 제물로 알고 먹기 때문에 양심에 죄의식을 갖게 된 사람들이었다(7절). 그러므로 바울은 우상 제물에 자유로운 사람들에게 믿음이 약한 자들을 실족하게 해서는 안 된다고 권면한다(8:9-13).

고린도전서 9장에는 바울 사도의 권리와 자유에 대한 기록이 나온다. 고린도 교회 안에는 바울의 사도직을 공격하는 사람들이 있었다. 그 중에는 특별히 바울이 스스로 노동하면서 복음을 전하는 것을 문제 삼아 바울이 사도가 아니기 때문에 그런 것이라고 주장하는 사람들이 있었다. 이들은 바울 이후에 그곳에 들어온 다른 선교사들이었다(고후 2:17-혼잡케 하는 자란 복음의 보따리장수라는 의미; 고후 11:12-15). 거기에 대하여 바울은 자신도 주님을 직접 만난 사람이고, 주님을 통하여 사도로 부름을 받았다고 말하면서, 스스로 일하면서 복음을 전하는 것은 그리스도의 복음에 아무런 장애가 없도록 하기 위한 것이라고 말한다(9:12). 바울은 이처럼 자신이 복음을 위하여서는 모든 사람에게 모든 모습으로 살지만, 자기 자신에 대하여는 목표도 분명하고, 그 목표를 달성하기 위해 스스로 절제하면서 누구보다 철저하게 노력하고 있다고 말한다.

8장에서 바울은 우상에 바친 제물에 대하여 자유를 말했지만, 10장에서는 다시 우상숭배를 철저하게 배격하도록 권한다. 이 사실을 설명하기 위하여 세례 받는다는 것의 의미가 무엇인지를 가르친다(10:1-5).

2. 본문 읽기(20분: 소그룹으로)

(1) 읽기

* 다양한 방법으로 본문을 반복하여 여러 번 읽습니다.

1) 각자 본문을 소리 내어 읽어 봅시다.

2) 조원들은 눈을 감은 상태에서 한 사람이 읽어 줍니다. 두 번 계속합니다.

(2) 그리기

* 읽고 들으면서 새롭게 느낀 점이나 감동되는 내용을 적어 봅시다. 그리고 서로 나눠서 읽어 봅시다.

3. 본문 이해하기(40분: 소그룹으로)

(1) 문단 나누기

* 본문의 흐름, 짜임새 등에 관하여 의견을 나누면서 문단을 나눕니다.

1) 본문을 소 단락으로 나누어 보고, 제목을 붙여 봅시다.

2) 소 단락의 내용을 간략하게 이야기해 봅시다.

(2) 소 단락 읽고 이해하기

1) 9장 전체 내용에서 바울 사도가 말하려고 하는 내용의 핵심은 무엇인가를 나누어 봅시다(핵심만 간단하게 말해 봅니다).

고린도 교회에서 자신의 사도직을 부정하는 일이 생겼기 때문에 바울은 이 장에서 자신의 사도직을 변호한다. 동시에 바울은 왜 자신이 사도의 권리를 사용하지 않고, 마치 종들처럼 살아가고 있는지 그 이유를 설명하고 있다. 바울은 그 이유가 복음과 그리스도를 위하여(21-23절), 그리고 끝까지 그리스도 안에서 승리하기 위해서라고 밝힌다.

2) 고린도 교인들이 바울의 사도됨을 인친 것이란 말은 무슨 뜻입니까? 그 내용을 나누어 봅시다.

고린도는 복음을 전하는 것이 가장 어려웠던 도시였다. 바울이 고린도에 왔을 때 약해졌고, 두려워서 심히 떨었었다(고전 1:3). 그래서 바울은 오직 십자가만 전하기로 결심하고 전도를 했는데 성령의 나타나심과 능력으로 고린도인들이 복음을 받아들여 마침내 교회가 세워지게 되었다. 그러므로 고린도에 교회가 세워지게 된 것은 사람의 지혜로 된 것이 아니라 하나님의 능력으로 된 것이다. 바울은 이처럼 성령의 능력으로 그리스도인이 된 고린도 교인들이 어찌 자신의 사도직을 부정할 수 있겠는가라고 반문하고 있다.

3) 사도 바울은 자기가 누릴 권리를 가졌다고 했는데, 그 권리는 무엇을 의미하며, 권리를 사용하지 않는 이유는 무엇이라고 하였습니까?

곡식을 떠는 소들에게 망을 씌우지 말라는 율법 말씀처럼 바울 역시 사도로서 고린도 교회로부터 대접을 받을 권리, 삯을 받을 권리가 있다. 다른 복음 전도자들이 부유한 고린도 교인 집에 머물면서 복음을 전하는 모습처럼 말이다(고후 11:4 ,13, 15). 그러나 바울은 고린도 교인들에게 폐를 끼치지 않기 위하여 그리고 누구에게도 방해를 받지 않고 자유롭게 복음을 전하기 위하여 스스로 천막 짓는 일을 해서 생활을 해나갔다고 말한다.

4) 사도 바울은 복음을 전할지라도 자랑할 것이 없는 이유를 무엇이라고 하였습니까? 또한 자랑하지 않는 이유는 무엇이라고 하였습니까?

바울은 복음을 전할지라도 자랑할 것이 없다는 말을 자주했다(고전 9:16; 참고 행 20:24). 이런 바울의 진술 이면에는 이전에 교회를 박해했던 자신의 부끄러운 과거에 대한 깊은 자각이 있다고 보아야 한다. 특별히 바울에게는 스데반을 죽게 한 데에 대한 책임이 있었다(행 7:58). 만약 스데반이 죽지 않았다면 분명 그는 훌륭한 이방의 전도자가 되었을 것인데, 자기 때문에 죽었으므로 바울은 자신이 스데반의 몫까지 해야 하며, 그러므로 자신이 복음을 전하는 일이 결코 자랑할 일이 아니라고 생각했던 것이다.

5) 복음을 위하여 종의 모습으로 살았다는 것은 무엇이며, 왜 그렇게 살았을까요?

바울은 철저하게 자기 스스로 노동(천막 짓기)을 하면서 복음을 전했다(행 20:33-

35). 다시 말해 사도 바울은 전임(풀타임: full time) 전도자였을 뿐 아니라, 동시에 전임(풀타임) 직업인이었다. 학자들은 "수고하며 애쓰고 여러 번 자지 못하고 주리며 목마르고 여러 번 굶고 춥고 헐벗었노라"(고후 11:27)는 표현은 바울이 노동으로 인한 고통을 의미한다고 해석한다. 이처럼 바울이 수고롭게 노동을 하면서 복음을 전했던 이유는 아마도 이제 막 태어난 갓난아이와 같은 교회에 자신을 부양하는 짐을 지우지 않으려고 했기 때문일 것이다. 그리고 바울은 자신이 부자 교인 집에 들어가 대접을 받거나 그들로부터 물질적 도움을 받게 되면 복음을 정직하게 전할 수 없다고 생각했기 때문이었을 것이다. 뿐만 아니라 바울은 그 당시 구걸이나 탁발을 통하여 살아가는 수도승들과는 구별되게 살겠다는 의지도 갖고 있었을 것이다.

6) 바울은 복음 전도자로써의 자기 관리를 어떻게 해왔다고 말하고 있습니까? 우리의 삶과도 연관 지어 이야기해 봅시다.

바울은 자유와 책임을 강조하면서도, 자신에 대해서는 엄격했던 것을 알 수 있다. 그는 늘 경기장에서 오직 한 사람이 상 받는 것을 상상하며 우승자가 되겠다는 일념으로 복음을 전했다. 이를 위해 바울은 늘 정확한 방향과 목표를 설정했고 자기 몸을 쳐서 복종시킴으로 자신이 목적한 바를 정확하게 이루려고 노력했다(26절).

7) 오늘 본문 안에서 사도 바울을 지배하고 있는 중심 사상은 무엇이라고 생각하십니까? 그것을 찾아 나누어 봅시다.

15, 23, 24, 27절을 참고하자.

(3) 중심 낱말과 개념 찾기

(4) 본문과 관련된 다른 성서구절과의 관계 고찰하기

📖 사도행전 22장 1-16절의 내용을 본문과 연결 지어 생각해 보십시오.

🔑 사도의 권리문제와 관련해서 바울이 다메섹에서 예수 그리스도를 만난 사건에 대하여 증언한 내용과 비교해 보는 것도 좋을 것이다. 바울이 왜 그처럼 희생하고, 헌신하고 복음을 위하여 모든 사람에게 종이 되었는가를(고전 9:19) 밝혀 주는 말씀이 사도행전 22장이다. 바울 자신은 박해자였다. 그는 스데반을 죽이는 데 앞장섰던 사람이었다. 그런데 그런 바울을 주님께서 만나 주셨고 자녀로 삼아 주셨을 뿐 아니라 이방의 사도로 세워 주셨던 것이다(행 22:21). 그러니 바울에게 있어 가장 소중한 분이 예수 그리스도일 수밖에 없었을 것이며, 그리스도의 증언자가 되지 않을 수 없었을 것이다. 그래서 바울은 "내가 복음을 위하여 모든 것을 행함은 복음에 참여하고자 함이라(고전 9:23)" 고 고백하는 것이다.

📖 본문을 마가복음 8장 32-38절의 내용과 연결 지어 생각해 보십시오.

🔑 마가복음 8장 32-38절은 예수님께서 가이사랴 빌립보 지역에서 십자가 고난을 예고하셨던 것과 관련된 일화이다. 베드로는 십자가 고난을 예고하는 예수님께 반대하였고, 주님은 그런 베드로를 사탄이라고 꾸짖으셨다(막 8:33). 처음엔 예수님께 칭찬을 들었던 베드로가 나중엔 왜 예수님께 사탄이라는 평가를 받게 된 것일까? 예수님의 답변은 베드로가 하나님의 일은 생각하지 않고 사람의 일만 생각하기 때

문이라는 것이었다. 예수님은 베드로에게 하나님의 가치와 사람의 가치가 서로 상충되는 것에 대해서 말씀하셨다.

고린도전서 9장에 나오는 바울 사도의 진술 안에는 예수님을 경험한 사람으로서 또한 하나님의 가치를 알고 있는 사람의 고백이 나온다. 하나님의 가치와 사람의 가치, 영원한 것과 시간적인 것 사이에서 바울 사도는 항상 전자를 선택하며 살려고 했다. 고린도전서 9장의 내용에는 그런 바울의 신앙적 자세가 진하게 배어 있다.

(5) 메시지 찾기

1) 제1메시지:

2) 제2메시지:

3) 제3메시지:

(6) 본문을 재구성하기

* 오늘 공부를 마치면서, 본문의 내용을 여러분의 말로 간단하게 기록해 봅시다.

휴식(10분)

4. 본문으로 세상 읽기(20분: 소그룹으로)

* 아래의 '나 읽기', '교회 읽기' 그리고 '세상 읽기' 중 한 가지를 선택하여 대화를 나누십시오.

(1) 본문으로 '나' 읽기

1) 여러분이 그리스도인이기 때문에 자기가 누릴 권리를 누리지 않고 사는 것들이 있으면 나누어 봅시다.

2) 그리스도의 사람으로 살기 위하여 자신을 특별히 훈련시키는 것들이 있습니까? 그런 삶을 함께 나누어 보십시다.

(2) 본문으로 '교회' 읽기

1) 오늘 본문을 공부하면서, 한국 교회는 어떤 면에서 세상을 섬기는 종으로 살고 있는지를 나누어 봅시다.

2) 복음 전도자로서 우리 교회들은 사회 각층의 사람들을 얻기 위하여 어떤 자세로 노력하고 있는지, 여러분이 경험한 것 또는 여러분이 보고 느낀 점을 통해 느낀 바를 서로 나누어 봅시다.

(3) 본문으로 '세상' 읽기

1) 오늘날 교회가 잘하고 있는데도 세상으로부터 비판을 받고 있는 점은 무엇일까요? 생각나는 대로 나누어 봅시다.

2) 바울이 그의 눈으로 우리 사회의 사람들이 살고 있는 모습을 평가하면 그는 무엇이라고 말할는지 상상하면서 이야기를 나누어 봅시다.

5. 삶으로 엮어 내기(20분: 소그룹으로)

＊ 4번에서 선택한 항목만 토론하십시오.

(1) '나'의 삶에 적용하고 실천할 수 있는 방안 모색하기

＊ 교회가 세상의 친구로 되기 위해서는 어떤 면에서 더욱 노력을 해야 할지를 구체적으로 이야기해 보십시다. 이를 통해 얻어진 구체적인 실천 방안을 실천에 옮기도록 합시다.

(2) '교회' 삶에 적용하고 실천할 수 있는 방안 모색하기

＊ 교회는 각 계 각층의 사람들을 얻기 위하여 어떻게 해야 할지를 구체적으로 이야기해 봅시다. 그리고 구체적인 실천 방안을 세워 봅시다.

(3) '세상'의 삶에 적용하고 실천할 수 있는 방안 모색하기

* 로마서 12장 1절을 읽고 오늘날 살고 있는 세상 사람들의 삶의 방법을 따라가지 말아야 할 것들을 적어 보면서 이야기를 나눠 봅시다.

6. 소그룹 마무리(10분: 소그룹으로)

1) 참여자들은 인도자에 대한 평가서를 작성하여 인도자에게 줍니다.

2) 그날 소그룹활동에 대한 평가와 소감을 나눕니다.

7. 마무리하기(10분: 대그룹으로)

1) 해결하지 못한 사항에 대한 질문과 대답하기

2) 소그룹 공부를 통해서 결정했던 실천사항들을 대그룹에서 발표합시다.

3) 인도자가 그날 성경공부를 인도한 소감을 간단히 발표합니다.

4) 다음 수업 본문의 예시, 숙제 제시

* 고린도전서 12장 1-31절까지 읽고, 어떤 짜임새로 구성되어 있는지를 정리하고 고린도전서 12장 1-31절을 중심으로 고린도전서 11장 1-34절과 13장 1-13절을 읽고, 서로의 연결점을 찾아보고, 그 내용을 기록하여 강의 2일 전까지 제출해 주십시오.

5) 기도로 마무리합니다.

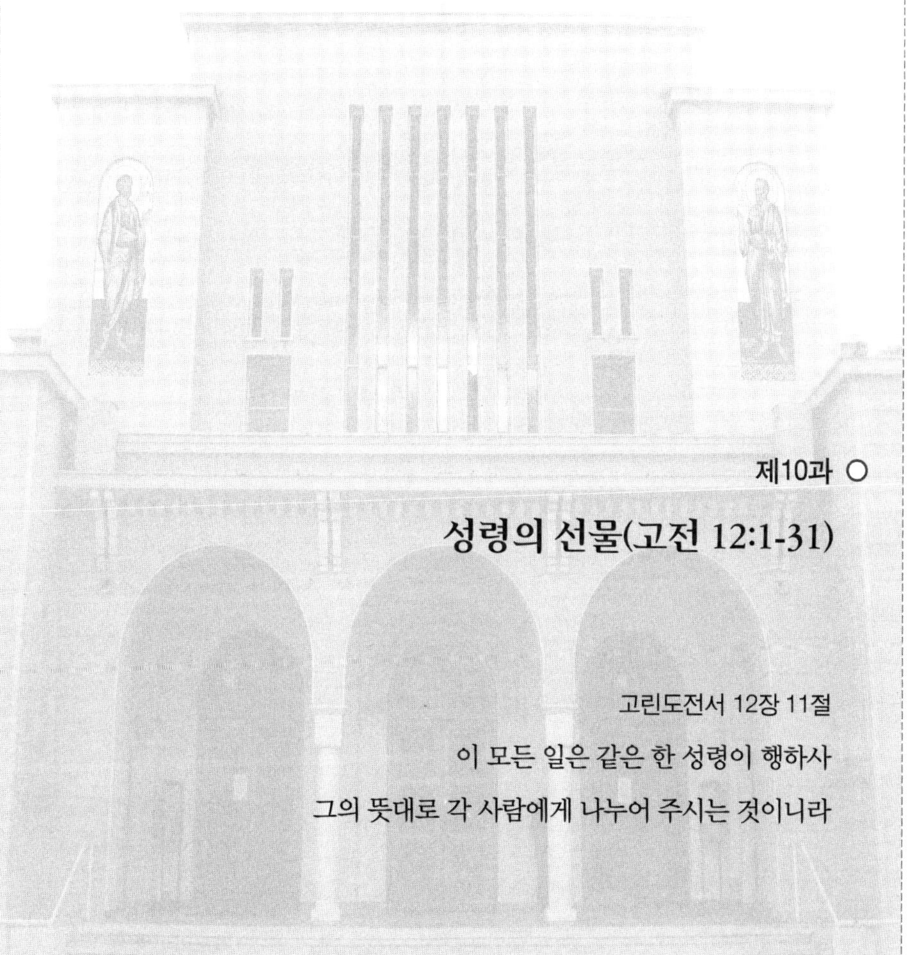

제10과 ○

성령의 선물(고전 12:1-31)

고린도전서 12장 11절

이 모든 일은 같은 한 성령이 행하사

그의 뜻대로 각 사람에게 나누어 주시는 것이니라

제10과 성령의 선물(고전 12:1-31)

♪ **새 찬송가 196장**(5분: 대그룹으로)

1. 성령의 은사를 나에게 채우사 주님의 사랑 본받아 나 살게 하소서
2. 성령의 은사를 나에게 채우사 정결한 마음 가지고 나 행케 합소서
3. 성령의 은사를 나에게 채우사 더러운 세상 물욕을 다 태워 주소서
4. 성령의 은사를 나에게 채우사 영원한 주님 나라에 나 살게 하소서.

1. 본문으로 들어가면서(20분: 대그룹으로)

배정된 분문의 짜임새와 전후 관계 살피기

(1) 학생의 나눔

* 고린도전서 12장 1-31절을 중심으로, 고린도전서 11장 1-34절과 13장 1-13절의 내용이 어떻게 연결되고 있는지를 개별적으로 연구해 온 내용을 그룹에서 서로 나누어 봅시다.

(2) 인도자의 설명

* 본문의 짜임새와 전후 관계, 속한 장과의 관련성 등을 간략히 설명합니다.

참 . 고 . 자 . 료

고린도전서 11장 1-31절은 고린도 교회 안에 있는 두 가지 문제에 대해서 바울이 권고하는 내용이다. 하나는 교회에서 여자들이 머리에 수건을 쓰는 문제이고, 다른 하나는 성찬식에 관한 문제이다. 여자들이 수건을 쓰는 문제는 아마도 당시 고린도 지역이 성적으로 문란한 도시였기에 성적으로 문란한 여자들이 교회 안으로 들어와 교회를 혼란스럽게 만들었고 바울이 이 문제를 해결하기 위해 교회 안에서 여자들이 준수해야 하는 일종의 행동지침을 준 것이라고 볼 수 있다. 그렇지만 고린도 교회의 예배에서 여자들이 말하는 것이 금지된 것은 아니다.

성찬식에 관한 문제는, 당시 교회 안에서 공동 식사와 성례전적 만찬이 함께 이뤄지고 있었는데 어떤 사람들이 먼저 와서 식사를 함으로(이들은 아마도 부유한 사람들이었을 것이다), 늦게 온 사람들이 먹을 것이 거의 남아 있지 않았던 것과 관련된 것으로(이들은 가난한 사람들이었을 것이다), 바울은 이 문제를 해결하기 위하여 교훈을 주었다.

바울은 12장에서 성령의 은사 문제를 13장에서는 사랑에 대한 교훈을 준다. 그런데 12장에서 성령의 은사들을 말함에 있어 단순히 은사 자체만을 취급하기보다는 그 은사들을 통한 교회의 통일성을 강조한다. 다시 말해, 바울은 사랑을 성령의 은사 차원에서 언급할 뿐 아니라, 분열된 고린도 교회를 하나로 만들기 위한 보다 높은 차원의 해결책으로써 제시하고 있다고 볼 수 있다. 따라서 성찬식이나 사랑에 대한 바울의 권고는 성찬식과 사랑에 대한 올바른 이해를 제시함과 동시에 당시 고린도 교회가 안고 있었던 분열의 문제를 해결하기 위한 목적에서 비롯되었다고 볼 수 있다.

2. 본문 읽기(20분: 소그룹으로)

(1) 읽기

* 다양한 방법으로 본문을 반복하여 여러 번 읽습니다.

1) 각자 본문을 소리 내어 읽어 봅시다.

2) 조원들은 눈을 감은 상태에서 한 사람이 읽어 줍니다. 두 번 계속합니다.

(2) 그리기

* 읽고 들으면서 새롭게 느낀 점이나 감동되는 내용을 적어 봅시다. 그리고 서로 나눠서 읽어 봅시다.

3. 본문 이해하기(40분: 소그룹으로)

(1) 문단 나누기

* 본문의 흐름, 짜임새 등에 관하여 의견을 나누면서 문단을 나눕니다.

1) 본문을 소 단락으로 나누어 보고, 제목을 붙여 봅시다.

2) 소 단락의 내용을 간략하게 이야기해 봅시다.

(2) 소 단락 읽고 이해하기

1) 고린도 교인들은 과거에 어떤 생활을 하던 사람들이었습니까? 그리고 어떻게 믿음을 갖게 되었을까요? 이런 과정에서 성령의 역할은 무엇이었다고 생각하십니까?

고린도 교인들은 가난하고 배움도 많지 않았고 악에 빠져 있던 사람들이었고, 고린도의 우상숭배 문화에 젖어 있던 사람들이었으며 특별히 성적문란 속에 빠져 있던 사람들이었다(고전 1:26, 27 참고). 뿐만 아니라 과거의 고린도 사람들에게 있어서 십자가는 저주의 상징이었다(고전 12:3). 그랬던 그들이 예수님을 '주(κύριος)'로 영접하게 된 것은 성령님의 역사로 이루어진 것이다(고전 12:3). 바울이 전도할 때 성령님은 능력으로 그들이 복음을 받아들이게 하셨다(고전 2:4).

2) 성령의 은사에는 어떤 것들이 있는지, 그리고 그 은사의 내용을 자세히 이야기해 봅시다.

지혜의 말씀, 지식의 말씀, 믿음, 병 고치는 은사, 능력 행함, 예언, 영들 분별, 각종 방언 및 방언 통역함.

① 말씀에 대한 은사: 지혜와 지식

② 능력에 대한 은사: 믿음, 병 고침, 능력 행함

③ 예언과 방언: 예언, 영들 분별, 방언 및 방언 통역.

3) 하나 되게 하시는 성령의 역할을 바울 사도는 어떻게 묘사하였습니까?

은사에 대한 정의 : 바울은 "은사는 여러 가지이고, 직임(책임)도 다양하고, 역사(결과)도 다양하다."라고 말함으로 은사의 다양성을 주장할 뿐만 아니라, 은사의 통일성 역시 강조하는데, 바울은 이 은사의 다양성과 일치성이 삼위일체 하나님의 다양성과 일치성에서 나온 것이라고 말한다(엡 4:4-6). 바울은 또한 은사는 다양하지만 한 성령이 각 사람에게 나눠 준 것이기에 은사의 차이로 인해 성도가 서로 나뉠 수 없다고 주장하면서 성령의 은사의 역할을 사람의 몸에 비유해 성도들이 서로 하나 되어야 함을 강조한다.

4) 왜 이런 이야기들이 고린도 교회에 필요했으리라고 생각하는지에 대해 이야기를 나누어 봅시다.

고린도 교회는 교회 지도자들을 중심으로 한 파벌, 우상 재물을 먹는 일과 소송 사건, 음란 문제, 혼인 문제 그리고 심지어는 성만찬 시에 이뤄지는 식사와 은사 등으로 분열되어 있었다. 바울은 이런 교회의 문제를 해결하기 위해서 한 성령과 한 분이신 하나님을 무엇보다 강조했고 성령의 은사는 교회를 세우기 위함이란 사실을 강조하여 교인들이 교회를 하나로 세워 나가도록 만들었다.

5) 27-31절에서 교회의 질서를 이야기하고 있는데, 그 질서를 정의해 보고, 왜 이것을 여기에서 언급하는지를 나누어 봅시다.

① 교회 안에 직분: 사도, 선지자, 교사, 능력 행하는 자.

② 은사의 종류: 병 고치는 은사, 서로 돕는 은사, 다스리는 것과 각종 방언의 은사.

③ 직분과 은사의 협력관계: 바울은 '한 사람이 모든 직책과 은사를 어찌 다 소유할 수 있겠느냐?' 고 질문하면서 고린도 교인들이 13장에 나오는 더 큰 은사를 통하여 하나가 되어 사역할 것을 권한다. 사도 바울은 고린도 교회 안에 있는 문제들을 다루면서 교회 안에 권위와 질서를 바로 세워야 할 책임을 느꼈다. 그래서 그는 고린도 교회에게 하나님께서는 교회를 세워 가시기 위하여 성도들에게 각각 필요한 은사를 주셨고 그러므로 성도들은 직분이나 은사를 가지고 서로 자랑하거나 경쟁하지 말고 주어진 은사에 따라 질서대로 하나님을 섬겨야 한다고 주장한다.

6) 본문에서 성령과 믿음, 사역과의 관계를 어떻게 정리할 수 있을까요? 여러분들의 의견을 나누어 봅시다.

(3) 중심 낱말과 개념 찾기

(4) 본문과 관련된 다른 성서구절과의 관계 고찰하기

📖 로마서 12장 3-13절과 본문을 연결 지어 생각해 봅시다.

🔑 로마서 12장 3-13절의 내용도 고린도전서의 내용과 아주 흡사하다. 바울은 은사나 직분을 가지고 자랑하거나 경쟁하지 말라고 말한다(롬 12:3). 그리고 교인들은 자신에게 적합한 은사를 성령으로부터 받았기 때문에 서로 한 몸이 되어 협력해야 한다고 말한다. 여기서 언급된 은사로는 예언, 믿음, 섬기는 일, 가르치는 일, 권위 하는 일, 구제하는 자, 다스리는 자, 긍휼을 베푸는 자 등이 있다. 권위 하는 일(παράκλησις)은 권면하고 위로하는 직책이다(고전 14:3). 그리고 12장 9-13절은 고린도전서 13장 내용의 요약이라 할 수 있다. 그러나 로마서에서는 사랑의 봉사가 더 강조되고(열심 품고 주를 섬기고, 기도에 항상 힘쓰고, 성도들의 쓸 것을 공급하고 손 대접하기를 힘쓰라), 고린도전서 13장에서는 사랑의 위대성과 사랑으로 하나 되는 일이 더욱 강조된다(온유, 투기하지 않고, 자랑이나 교만하지 않고, 무례히 행치 않고 자기 유익 구하지 않고, 성내지 않고 악한 것이나 불의를 생각지 않고 진리와 함께 기뻐한다).

📖 민수기 11장 24-30절과 본문을 읽어 보고, 성령 체험 및 은사의 중요성을 생각해 봅시다.

🔑 여호와 하나님은 광야에서 먹을 것이 없어 불평하는 이스라엘 백성들에게 만나를 먹이셨다(민 11:1-9). 그러나 이스라엘 백성들은 고기가 없다고 불평하였다. 하나님께

서는 그들의 울음소리를 들으시고 분노하시며 그들이 싫어할 때까지 고기를 주시겠다고 말씀하셨다(민 11:10-20). 그런데 이제는 모세가 의심을 제기한다. 모세는 하나님께 이 많은 백성들에게 어떻게 고기를 주시겠느냐고 묻는다. 하나님께서는 모세에게, "여호와의 손이 짧아졌느냐? 네가 이제 내 말이 네게 응하는 여부를 보리라(민 11:23)" 고 말씀하셨다. 모세는 여호와의 말씀을 백성들에게 전하면서, 백성의 장로 칠십 인을 모아 장막에 둘러 세웠다. 그 때 여호와께서는 모세에게 임한 신(The Spirit)이 칠십인 장로에게도 임하게 하셨다. 심지어는 회막에 머물러 있던 엘닷과 메닷이란 장로들에게도 신이 임하여 예언을 하였다. 그러자 나머지 장로들이 모세에게 그들이 예언하는 것을 금지시키라고 요구했다. 그러나 모세는 "여호와께서 그 신을 그 모든 백성에게 주사 다 선지자 되게 하시기를 원하노라(민 11:29)" 고 대답했다.

왜 여호와께서는 모세에게 주신 신(The Spirit)을 장로들에게도 주셨을까? 왜 모세는 하나님께서 모든 백성에게도 신을 주사 선지자 되게 하기를 원한다고 했을까? 이는 백성들을 지도해야 하는 모세의 짐을 덜어 내기 위한 것이라기보다는 장로들과 백성들 모두가 신(The Spirit)을 소유함으로 예언하게 되는 것이 중요하다는 것을 뜻한다. 모세는 예언자처럼 하나님의 뜻을 백성들에게 선포하는 사람이었다. 그런데 만약 모든 장로들이 하나님의 신을 소유함으로 하나님의 뜻을 깨닫게 되어 모세와 동일하게 하나님의 뜻을 백성들에게 선포하게 된다면 이것은 모세의 짐을 덜게 만들어 줄 뿐만 아니라 백성들로 하여금 하나님의 뜻을 따라 살아가게 만들어 줄 것이기 때문이었다.

(5) 메시지 찾기

1) 제1메시지:

2) 제2메시지:

3) 제3메시지:

(6) 본문을 재구성하기

* 오늘 공부를 마치면서, 본문의 내용을 여러분의 말로 간단하게 기록해 봅시다.

휴식(10분)

4. 본문으로 세상 읽기(20분: 소그룹으로)

* 아래의 '나 읽기', '교회 읽기' 그리고 '세상 읽기' 중 한 가지를 선택하여 대화를 나누십시오.

(1) 본문으로 '나' 읽기

1) 여러분이 성령의 역사를 가장 많이 체험하는 때는 언제입니까? 여러분의 경험을 나누어 보십시오.

2) 여러분이 받은 성령의 은사는 무엇이라고 생각하십니까? 또 그 은사를 지금 어떻게 사용하고 있는지 이야기해 봅시다.

(2) 본문으로 '교회' 읽기

1) 교회는 성령 공동체인데, 교회를 구성하고 있는 교인들이 성령의 은사를 적절하게 사용하고 있다고 생각하십니까? 그렇다면 그 이유는 무엇이고, 혹 잘못 사용하고 있다면 그 이유는 무엇인지 서로 이야기해 봅시다.

2) 교회의 질서는 어떤 면에서 필요한지 또 어떤 면에서 교회 질서를 너무 강조하지 말아야 하는지를 서로 이야기해 봅시다.

(3) 본문으로 '세상' 읽기

1) 성령의 은사는 세상을 섬기는 데도 필요합니다. 성령의 은사로 어떻게 세상을 섬겨야 하는지를 서로 이야기해 봅시다.

2) 교회는 우리 사회에 어떤 면을 보충해 주어야 한다고 생각하십니까? 여러분의 경험이나 관점을 나누어 보기 바랍니다.

5. 삶으로 엮어 내기(20분: 소그룹으로)

* 4번에서 선택한 항목만 토론하시오.

(1) '나'의 삶에 적용하고 실천할 수 있는 방안 모색하기

* 성령을 날마다 체험하며 살고 있는지 그리고 어떻게 성령의 은사를 발견할 수 있는지 그리고 받은 은사를 어떻게 적극적으로 개발하여 사용할지를 구체적으로 이야기해 보십시다.

⑵ '교회' 삶에 적용하고 실천할 수 있는 방안 모색하기

* 교회에는 제도적 질서와 성령 은사의 질서가 있습니다. 이 두 질서를 어떻게 하면 적절하게 사용할 수 있을지를 깊이 생각해 보고, 구체적인 방안을 세워 보십시다.

⑶ '세상'의 삶에 적용하고 실천할 수 있는 방안 모색하기

* 성경의 원리를 통하여 세상의 현실을 바로 읽어야 합니다. 오늘 우리 사회의 위기는 무엇인지? 그 위기를 극복하는 데 교회가 어떻게 도움이 될 수 있을지를 서로 이야기해 봅시다.

6. 소그룹 마무리(10분: 소그룹으로)

1) 참여자들은 인도자에 대한 평가서를 작성하여 인도자에게 줍니다.

2) 그날 소그룹활동에 대한 평가와 소감을 나눕니다.

7. 마무리하기(10분: 대그룹으로)

1) 해결하지 못한 사항에 대한 질문과 대답하기

2) 소그룹 공부를 통해서 결정했던 실천사항들을 대그룹에서 발표합시다.

3) 인도자가 그날 성경공부를 인도한 소감을 간단히 발표합니다.

4) 다음 수업 본문의 예시, 숙제 제시

* 고린도전서 13장 1-13절을 몇 번 읽고, 어떤 짜임새로 구성되어 있는지를 정리하고 고린도전서 13장 1-13절을 중심으로 고린도전서 12장 1-31절과 14장 1-40절을 읽고, 서로의 연결점을 찾아보고, 그 내용을 기록하여 강의 2일 전

까지 제출해 주십시오.

5) 기도로 마무리합니다.

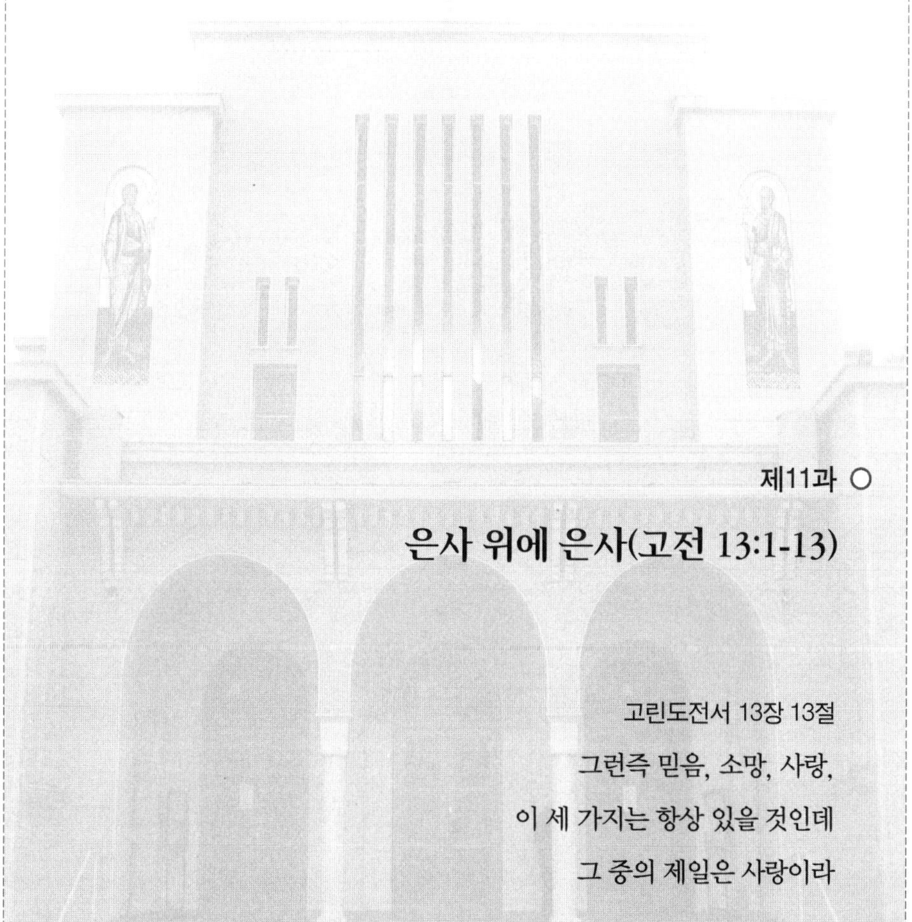

제11과 ○

은사 위에 은사(고전 13:1-13)

고린도전서 13장 13절

그런즉 믿음, 소망, 사랑,

이 세 가지는 항상 있을 것인데

그 중의 제일은 사랑이라

제11과 은사 위에 은사(고전 13:1-13)

♪ **새 찬송가 299장**(5분: 대그룹으로)

1. 하나님 사랑은 온전한 참 사랑 내 맘에 부어 주시사 충만케 하소서
2. 내 주의 참 사랑 햇빛과 같으니 그 사랑 내게 비추사 뜨겁게 하소서
3. 그 사랑 앞에는 풍파도 그치며 어두운 밤도 환하니 그 힘이 크도다
4. 하나님 사랑에 참 자유 있으니 내 맘과 영에 채우사 새 힘을 주소서.

1. 본문으로 들어가면서(20분: 대그룹으로)

배정된 본문의 짜임새와 전후 관계 살피기

(1) 학생의 나눔

* 고린도전서 13장 1-13절은 고린도전서 12장 1-31절과 14장 1-40절의 내용과 어떻게 연결되고 있는지를 개별적으로 연구해 온 내용을 중심으로 조원들과 서로 이야기해 봅시다.

(2) 인도자의 설명

* 본문의 짜임새와 전후 관계, 속한 장과의 관련성 등을 간략히 설명합니다.

참 . 고 . 자 . 료

12장에서 언급된 은사와 관련된 바울의 권면은 고린도 교회가 당면했던 문제와 관련이 있다. 왜냐하면 고린도 교회가 분열되어 있었던 이유 중에 하나가 은사 문제였기 때문이다. 따라서 바울은 고린도 교인들에게 은사란 무엇이며 은사가 궁극적으로 무엇을 위한 것인가를 가르쳐 주어야 했다. 그래서 바울은 12장에서 은사는 다양하나 성령은 하나이시고, 직분(responsibility)도 다양하지만 예수 그리스도는 하나이시고, 또 사역(그 결과)은 여러 모양으로 나타나지만 이를 이루시는 분은 한 분 하나님이시라는 것을 강조하여 교회의 통일을 이루려고 했다.

그리고 은사에 대한 바울의 권면은 사랑으로 발전한다. **13장**에서 바울은 사랑에 대하여 말하는데, 그는 여기에서 사랑에 대한 정의를 내리기보다는 교회를 하나 되게 하는 근본 원리로써의 사랑을 가르치고 있다. 그의 주장의 핵심은 사랑 안에서 교회가 하나 되라는 것이다.

14장에서 바울은 방언으로 인해 발생한 교회의 무질서에 대한 응답으로써 방언 통역의 필요성을 역설하고(14:28), 방언을 말하되 순서와 질서를 지켜 가면서 해야 한다고 강조한다(14:29-33). 그리고 바울은 교회의 덕을 세우기 위해서 이 모든 것을 해야 한다고 말한다(14:26).

2. 본문 읽기(20분: 소그룹으로)

(1) 읽기

* 다양한 방법으로 본문을 반복하여 여러 번 읽습니다.

1) 각자 본문을 소리 내어 읽어 봅시다.

2) 조원들은 눈을 감은 상태에서 한 사람이 읽어 줍니다. 두 번 계속합니다.

(2) 그리기

* 읽고 들으면서 새롭게 느낀 점이나 감동되는 내용을 적어 봅시다. 그리고 서로 나눠서 읽어 봅시다.

3. 본문 이해하기(40분: 소그룹으로)

(1) 문단 나누기

* 본문의 흐름, 짜임새 등에 관하여 의견을 나누면서 문단을 나눕니다.

1) 본문을 소 단락으로 나누어 보고, 제목을 붙여 봅시다.

2) 소 단락의 내용을 간략하게 이야기해 봅시다.

(2) 소 단락 읽고 이해하기

1) 사랑과 방언, 예언, 은사 간의 관계는 무엇이라고 말하고 있습니까? 왜 그럴까요?

사랑이 최고의 은사인가에 대해서는 많은 논란이 있다. 그러나 고린도전서 12장 31절과 14장 1절을 연결시켜 읽어 보면 그 점이 분명해진다. "더욱 큰 은사를 사모하라. 내가 또한 가장 좋은 길을 너희에게 보이리라"(12:31). 여기서 말하는 은사는 단수가 아니라 복수('은사들')이다. 그리고 14장 1절("사랑을 추구하며 신령한 것들을 사모하되 특별히 예언을 하려고 하라.")을 보면, 사랑은 은사이기 보다는 모든 은사를 더욱 값지게 해 주는 크리스천의 최고의 덕(德)이며, 동시에 은사를 평가하는 시금석이다. 바울은 사랑이 동반되지 않은 방언은 '소리 나는 구리와 울리는 꽹과리'에 불과하고, 사랑이 없는 예언은 '아무 것도 아니' 라고 한다. 왜냐하면 사랑이 없는 은사는 자기중심적이기에 자기를 위한 것이 될 뿐 결국 교회를 세우지는 못하기 때문이다.

2) 구제와 사랑의 관계는 무엇이라고 말하고 있습니까? 3절의 의미를 새겨 봅시다.

구제한다는 것 자체는 좋은 것이지만 사랑으로 하지 않는다면 그 구제는 구제하는 자신을 위한 것일 뿐 대상을 위한 것이 아니기에 참된 구제라 할 수 없다. 이는 예수님께서 오른 손이 하는 것을 왼손이 모르게 하라고 말씀하신 것과 그 근본적인 뜻에서 일치한다(마 6:3,4).

3) 사랑의 적극적인 면과 소극적인 면을 말해 보십시오.

사랑은 상대방을 향한 인간의 내면 자세와 관련된 소극적인 면과 다른 사람에게 직접 영향을 끼치는 적극적인 면을 함께 갖고 있다. 먼저 상대방을 사랑하기 위한 내면의 자세는, '오래 참고, 온유하며, 시기하지 아니하며, 자랑하지 아니하며, 교만하지 아니하며, 악한 것을 생각하지 않으며, 불의를 기뻐하지 않는다' 는 것이고 적극적인 자세는, '무례히 행치 아니하며, 자기 유익을 구하지 아니하며, 성내지 아니하며, 진리를 기뻐하고(진리 편에 선다), 모든 것을 견디며, 믿어 주며, 소망을 가지면 끝까지 침아 준다' 는 것이다. 사랑의 이런 특징들은 예수님께서 수난을 통하여 보여 주셨던 모습 속에 나타난다. 반면 고린도 교회는 이러한 사랑의 특징과는 정 반대의 모습이었다. 사랑은 이웃에 대한 내면의 자세가 바로 되어 있을 뿐 아니라 그것이 실천을 통해 밖으로 표현될 때에만 성취된다.

4) 다른 은사와 비교하여 사랑의 우월성을 이야기해 봅시다.

다른 은사는 폐하고 그칠 때가 있으며 부분적이다. 그러나 사랑은 없어지지 않고 영원하며 하면 할수록 더욱 사랑하게 된다. 그리고 사랑은 모든 은사를 더욱 풍성하게 하고, 유익하게 하는 공동체적인 성격을 갖는다. 뿐만 아니라 사랑은 하나님의 성품이기 때문에 사랑하는 자들은 하나님을 온전히 알게 된다(참고 벧후 1:8).

5) 믿음, 소망, 사랑 중에 왜 사랑이 으뜸인가를 나누어 봅시다.

이 땅에 모든 은사는 이 땅이 존재할 때만 존속한다. 세상이 끝나는 날에는 이 모든 은사도 다 끝이 나고 만다. 그러나 사랑만은 영원하다. 왜냐하면 사랑은 하나님의 속성이기 때문이다. 그러므로 모든 은사들이 사라지는 그 날에도 사랑은 영원할 것이다.

6) 고린도전서 13장에서 사랑에 대하여 말하고 있는데, 고린도 교회의 전체적인 상황을 생각해 보면서, 13장의 내용이 왜 필요한가를 설명해 보십시오.

고린도 교회 성도들은 모든 문제에서 서로 분열되어 있었다. 그만큼 고린도 교회는 다양한 사람들이 모여 이룬 공동체였다. 고린도 교회 안에는 노예 출신들이 많이 있었는가 하면, 귀족들도 있었고, 무식한 사람들이 있었는가 하면 지식인들도 있었다. 그러므로 고린도 성도들 간에는 이해와 행동 방식이 서로 달랐다. 이 같은 고린도 교회의 분열을 하나로 묶어 줄 수 있는 것은 사랑뿐이었다. 만약 사랑이 이 공동체의 근간이 되어 성도들이 서로 관용하고 용납하게 된다면 고린도 교회의 갈등은 조화와 질서로 해소될 수 있었을 것이다.

(3) 중심 낱말과 개념 찾기

(4) 본문과 관련된 다른 성서구절과의 관계 고찰하기

📖 마태복음 5장 38-48절과 본문을 비교해 보고, 연결점을 말해 봅시다.

마태복음 5장 38-42절까지는 다른 사람에 대한 사랑의 태도를 말한다. 그리고 42-48절까지는 사랑의 대상을 명확하게 설정하여 사랑의 원리를 설명한다. 우리들은 사랑을 스스로가 평가한다. 그래서 우리는 "나는 다른 사람들을 사랑한다" 고 쉽게 말한다. 그러나 예수님은 사랑의 평가에 대해 사랑의 평가는 주는 사람이 하는 게 아니고, 받는 사람들이 하는 것이라고 말씀하시며 그렇게 되려면, 도저히 사랑할 수 없는 자들까지도 사랑해야 한다고 말씀하신다. 예수님의 말씀을 한마디로 표현하면, 자기의 '원수' 를 사랑해야 온전한 사랑이라는 것이다. 자기를 사랑하는 사람을 사랑하는 것은 충분한 사랑이 아니다. 이방사람들 누구나 그런 사랑은 다 한다.

📖 누가복음 10장 25-37절을 본문과 비교해 보고, 두 본문의 연결점은 무엇이라고 생각하는지를 나누어 봅시다.

사마리아인의 비유는 예수님이 생각하시는 사랑의 속성을 가장 잘 표현한 비유이다. 유대 종교지도자들은 사랑을 가장 많이 외친 사람들인데, 막상 사랑을 실천해야 할 순간에는 외면하고 피해 버리고 말았다. 반대로 유대인을 도와줄 필요가 없다고 여겨졌던 사마리아인이 강도 만난 유대인(?)을 도와주었다. 그 이유가 무엇이었을까? 예수님은 단순하게 '불쌍히 여겨' 라고 말씀하신다. 여기에 사용된 헬라어는

'스프랑크니조마이(σπλαγχνίζομαι)' 의 단순과거형이다. '스프랑크니조마이(σπλαγχνίζομαι)' 는 고통을 당하는 사람의 입장에서 같이 아픔을 느끼며 도와주지 않고는 견디지 못하는 마음인데, 이런 사랑이 곧 예수님이 말씀하시는 사랑이다. 또한 바울이 고린도전서 13장에서 설명하는 사랑이다. 이 비유를 말씀하신 끝에 예수님은 결정적인 질문을 던지셨다. "네 생각에는 이 세 사람 중에 누가 강도 만난 자의 이웃이 되겠느냐?" (눅 10:36) 예수님은 강도 만난 사람을 사랑의 평가 기준으로 삼으셨다. 사랑은 사랑을 받는 사람의 입장에서 평가되어야 한다.

(5) 메시지 찾기

1) 제1메시지:

2) 제2메시지:

3) 제3메시지:

(6) 본문을 재구성하기

* 오늘 공부를 마치면서, 본문의 내용을 여러분의 말로 간단하게 기록해 봅시다.

휴식(10분)

4. 본문으로 세상 읽기(20분: 소그룹으로)

* 아래의 '나 읽기', '교회 읽기' 그리고 '세상 읽기' 중 한 가지를 선택하여 대화를 나누십시오.

(1) 본문으로 '나' 읽기

1) 본문을 놓고 여러분이 지금까지 해 온 사랑은 어떤 것이었는가를 생각해 보면서 이야기를 나누어 보십시다.

2) 여러분 주변에 있는 '강도 만난 사람의 입장에서' 비추어 본다면 그들은 여러분을 이웃이라고 생각할까요? 여러분의 경우를 구체적으로 나누어 봅시다.

(2) 본문으로 '교회' 읽기

1) 과연 우리 사회가 오늘의 교회를 자기들의 이웃이라고 생각하고 있는지? 그렇다면 무엇 때문인지? 아니라면 무엇 때문에 아니라고 생각하는지를 나누어 봅시다.

2) 세상에 복음을 전하기 위하여, 또 세상을 구원하기 위하여 교회는 그들의 친구가 되어야 합니다. 그런데 우리의 현실은 어떤지, 또 교회가 세상의 친구가 되기 위해서는 어떻게 노력해야 하는지를 나누어 봅시다.

(3) 본문으로 '세상' 읽기

1) 사회가 부요해지면 부요해질수록 더욱 이기적이 됩니다. 그리고 가진 자들에 의하여 사회가 끌려가기 때문에 사회는 더욱 살벌해지고 이기적이 됩니다. 이런 구체적인 예를 찾아보면서 이야기를 나누어 봅시다.

2) 우리나라는 세계 경제 대국으로 성장하고 있습니다. 그런데 우리 국민들 중에서 자신들이 행복하다고 느끼는 사람들은 적습니다. 이처럼 우리 국민들의 행복지수가 세계의 다른 나라에 비하여 낮은 이유는 무엇이라고 생각하십니까?

5. 삶으로 엮어 내기(20분: 소그룹으로)

* 4번에서 선택한 항목만 토론하시오.

(1) '나'의 삶에 적용하고 실천할 수 있는 방안 모색하기

* 사랑을 실천하기 위해서는 방법적인 측면보다는 우리들 사고의 축이 '나' 중심에서 '그리스도' 중심으로 먼저 전환되어야 합니다. 이 전환을 위하여 무엇이 필요한지 그리고 어떻게 해야 하는지를 구체적으로 나누어 봅시다.

(2) '교회' 삶에 적용하고 실천할 수 있는 방안 모색하기

* 교회가 우리 사회의 이웃이 되기 위한 구체적이고 실천 가능한 전략을 세워봅시다. 그리고 실천 가능한 것부터 실천해 나가십시다. 이것이 예수님이 말씀하신 누룩운동(마 13:33)입니다.

(3) '세상'의 삶에 적용하고 실천할 수 있는 방안 모색하기

* 행복지수가 낮은 만큼 사람들은 기쁨을 잃고, 잘못된 방법을 찾아 살아가려고 합니다. 국민들에게 진정한 기쁨과 행복감을 넣어 줄 수 있는 길은 없을까요? 교회에서부터 기쁨을 되찾게 해야 하는데, 그 길은 무엇이라고 생각하십니까? 구체적인 방법을 나누어 봅시다.

6. 소그룹 마무리(10분: 소그룹으로)

1) 참여자들은 인도자에 대한 평가서를 작성하여 인도자에게 줍니다.

2) 그날 소그룹활동에 대한 평가와 소감을 나눕니다.

7. 마무리하기(10분: 대그룹으로)

1) 해결하지 못한 사항에 대한 질문과 대답하기

2) 소그룹 공부를 통해서 결정했던 실천사항들을 대그룹에서 발표합시다.

3) 인도자가 그날 성경공부를 인도한 소감을 간단히 발표합니다.

4) 다음 수업 본문의 예시, 숙제 제시

* 고린도전서 15장 12-58절을 몇 번 읽고 어떤 짜임새로 구성되어 있는지를 정리하고 고린도전서 15장 12-58절을 중심으로 고린도전서 14장 1절-15장 11절과 16장 1-24절을 읽고, 서로의 연결점을 찾아보고, 그 내용을 기록하여 강의 2일 전까지 제출해 주십시오.

5) 기도로 마무리합니다.

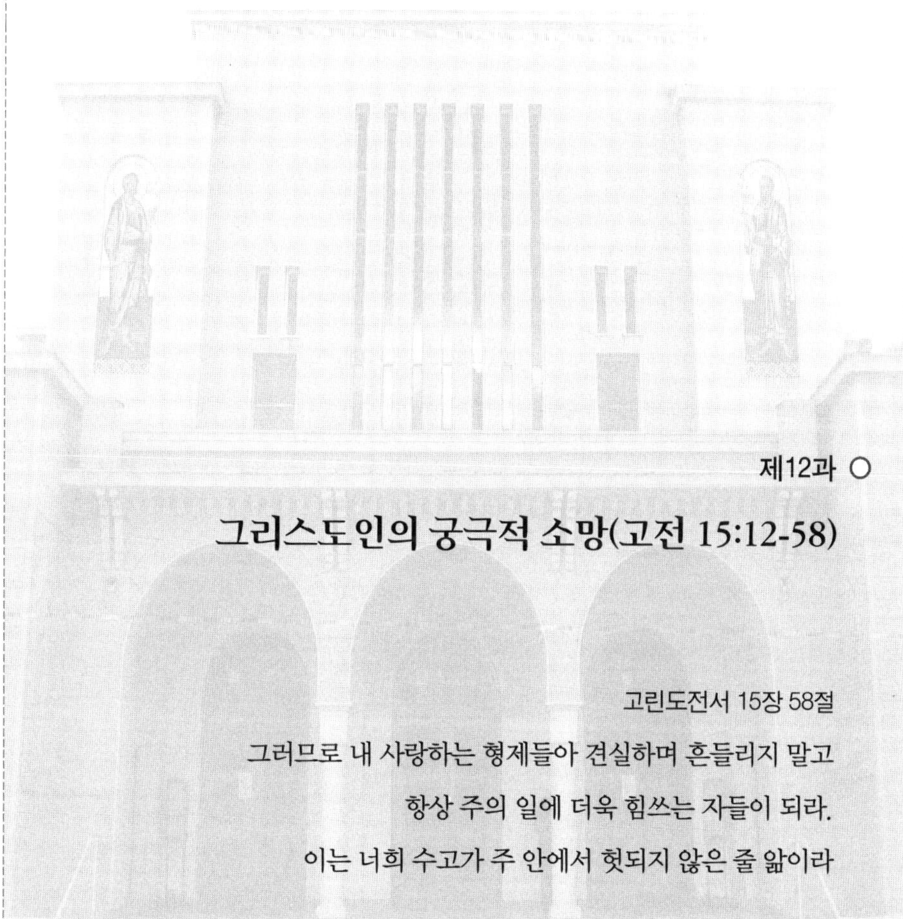

제12과 ○

그리스도인의 궁극적 소망(고전 15:12-58)

고린도전서 15장 58절

그러므로 내 사랑하는 형제들아 견실하며 흔들리지 말고
항상 주의 일에 더욱 힘쓰는 자들이 되라.
이는 너희 수고가 주 안에서 헛되지 않은 줄 앎이라

제12과 그리스도인의 궁극적 소망(고전 15:12-58)

♪ **새 찬송가 243장**(5분: 대그룹으로)

1. 저 요단강 건너편에 화려하게 뵈는 집 주 날 위해 예배하신 집일세
   그 강가에 생명나무 꽃이 만발하였네 주의 낯을 그곳에서 뵈오리
2. 주가 내게 부탁하신 모든 역사 마친 후 예비하신 그곳에서 쉬겠네
   성도들이 주의 영광 할렐루야 부를 때 나의 음성 그 노래에 합하리

후렴: 주의 얼굴 뵈오리 주의 얼굴 뵈오리
슬픔 하나도 없고 금빛 찬란한 데서
구속하신 주의 얼굴 뵈오리.

1. 본문으로 들어가면서(20분: 대그룹으로)

배정된 본문의 짜임새와 전후 관계 살피기

(1) 학생의 나눔

* 고린도전서 15장 12-58절을 중심으로, 고린도전서 14장 1절-15장 11절과 16장 1-24절의 내용이 어떻게 연결되고 있는지, 개별적으로 연구해 온 내용을 조원들과 서로 나누어 봅시다.

(2) 인도자의 설명

* 본문의 짜임새와 전후 관계, 속한 장과의 관련성 등을 간략히 설명합니다.

참.고.자.료

고린도전서 14장의 전체 내용은 방언과 예언에 대한 내용이지만, 실상은 은사에도 질서와 조화가 있듯이 교회는 질서와 조화를 중시해야 한다는 것이 핵심 내용이다. 따라서 교회 안의 여성들 문제도 여기에 연결된다. 결론은 14장 40절에 나온다. "모든 것을 품위 있게 하고 질서 있게 하라." 그리고 부활 문제로 주제가 옮겨 간다. 이 세상에서 신자들이 하나가 되어 추구해야 할 최고의 목표는 하나님의 나라이다. 그 나라가 임하면 세상에서 가장 귀하고 중요하다고 생각했던 것들이 모두 가치 없는 일이 될 것이기 때문이다. 바울은 고린도 교회 안에서 부활의 문제가 대두되었기 때문에 그에 대한 대답으로 부활에 대해서 언급하시난, 사실 바울은 부활을 통하여 온 교회가 진정으로 하나 되기를 소망하고 있었다. 마지막 16장이 고린도전서의 결론으로 나온다. 이 장에서 바울이 예루살렘 교회를 위한 연보를 고린도 교회에 부탁하는 것도 지금까지 바울이 주장했던 것과 관련되는데 바울은 예루살렘 교회를 위한 연보에 고린도 교회를 동참시킴으로써 우주적 교회가 하나님 안에서 서로 돕고 사랑함으로 하나 되어 가는 것임을 교회가 실천을 통해 경험토록 만든다. 그리고 13절 이하의 인사말에서도 바울은 많은 교회들이 서로 문안하고 인사하도록 격려한다. "모든 형제도 너희에게 문안하니 너희는 거룩하게 입맞춤으로 서로 문안하라"(16:20). 그리고 마지막 결론 "만일 누구든지 주를 사랑하지 아니하면 저주를 받을지어다. 우리 주여 오시옵소서(21절)"로 마친다.

2. 본문 읽기(20분: 소그룹으로)

(1) 읽기

* 다양한 방법으로 본문을 반복하여 여러 번 읽습니다.

1) 각자 본문을 소리 내어 읽어 봅시다.

2) 조원들은 눈을 감은 상태에서 한 사람이 읽어 줍니다. 두 번 계속합니다.

(2) 그리기

* 읽고 들으면서 새롭게 느낀 점이나 감동되는 내용을 적어 봅시다. 그리고 서로 나눠서 읽어 봅시다.

3. 본문 이해하기(40분: 소그룹으로)

(1) 문단 나누기

* 본문의 흐름, 짜임새 등에 관하여 의견을 나누면서 문단을 나눕니다.

1) 본문을 소 단락으로 나누어 보고, 제목을 붙여 봅시다.

2) 소 단락의 내용을 간략하게 이야기해 봅시다.

(2) 소 단락 읽고 이해하기

1) 본문의 내용을 살펴보면서, 이러한 내용이 왜 고린도 교회에 필요했는지에 대하여 나누어 보십시오.

고린도 교회 안에서 부활에 대한 두 가지 의문들이 제기되었다. 어떤 사람들은 죽은 자 가운데서 부활이 없다고 말하였고(15:12, 15, 16), 어떤 사람들은 "부활이 있다면 어떤 몸으로 오느냐?"(15:35)고 질문했다. 여기에 대하여 바울 사도는 "만일 그리스도께서 살지 못했다면 …" 이라고 대답한다. 이는 혹시 고린도 교회의 문제를 부활 후에 이뤄질 영원한 세계로 승화시키려고 하는 바울의 의도가 있는 것은 아닐까?

2) 만일 그리스도의 부활이 없었다면 여러분은 어떻게 되었을 것 같습니까? 바울이 말한 내용(15:12-19)과 비교해 보면서 이야기를 나누어 봅시다.

그리스도의 부활이 없었다면, 죽은 자의 부활도 없을 것이다. 죽은 자의 부활이 없다면 가장 불쌍한 사람은 바울 사도 자신이다. 그는 자신의 화려했던 과거의 경력을 다 버리고 복음을 전하기 위하여 마치 노예처럼 살고 있기 때문이다. 또한 그가 전하는 믿음도 헛것이고, 예수님을 믿고 잠든 자들도 망한 자들이고, 인류는 여전히 죄 가운데 살게 될 것이다. 결국 인간들의 소망은 이 세상뿐이 될 것이고, 인간들은 아무런 소망이 없게 된다.

3) 아담 안에서 모든 사람이 죽은 것 같이 그리스도 안에서 모든 사람이 삶을 얻을 것인데, 삶을 얻는 순서는 무엇이며, 그 내용을 자세하게 나누어 보십시오.

아담 안에서 모든 사람이 죽는다는 표현은 히브리적 사고에서 비롯되었다. 바울은 한 사람이 전체 인간을 의미하듯이 그리스도가 인류 전체를 대표한다는 관점에서 그리스도 안에서 속죄를 설명한다. 그리스도가 부활의 첫 열매요, 그 다음에는 그리스도에게 속한 자들이 부활할 것이지만, 모든 통치와 모든 권세와 능력들은 멸망을 당할 것이요, 모든 원수들은 그 발아래 짓밟힐 것이다.

4) 죽은 자의 부활을 이야기하면서 바울 사도는 왜 "나는 날마다 죽노라"고 말했을까요? 29-34절의 내용을 살피면서 이야기를 나누어 봅시다.

'나는 날마다 죽노라'는 말은 30절의 '어찌하여 우리가 언제나 위험을 무릅쓰리오'라는 말과 연결되어 있다. 그리고 32절에 "내가 사람의 방법으로 에베소에서 맹수와 더불어 싸웠다면"이란 말과 연결된다. 다시 말하면 바울은 매 순간 죽음의 위기 속에 살아가고 있다는 말이다. "다른 사람들 같으면 내일 죽을 터이니 먹고 마시자"고 할 상황에 자기는 살고 있다는 것이다. 그럼에도 불구하고 낙심하지 않는 이유는 영원한 부활의 소망이 그에게 있기 때문이라는 것이다.

5) 믿는 성도들이 부활한 후에 "육의 몸으로 심고, 신령한 몸으로 다시 살아난다"고 했는데, 육의 몸은 어떤 것을 말하고, 신령한 몸은 어떤 형태를 말하는가?(육의 몸은 σῶμα ψυχικόν이고, 신령한 몸은 σῶμα πνευματικόν이다)

육의 몸과 신령한 몸이란 표현에서 '몸'이란 단어, "소마(σῶμα)"는 동일하게 사용되었다. 살아 있는 몸이란 표현의 "소마(σῶμα)"는 이 세상에서나 영원한 세상에서나 똑같이 존재할 것이다. 다만 그 형체가 다를 것인데, 다른 형체에 대해서는 육(푸시콘: ψυχικόν)이란 말과 신령한(프뉴마콘: Πνευματικόν)으로 표현된다. 49절에서 말하는 흙에 속한 형상이 소마 푸시콘(' σῶμα ψυχικόν ')이고, 하늘에 속한 형상이 소마 프뉴마콘(' σῶμα ψυχικόν ')이다. 예수님은 마가복음 12장 25절에서 하늘에 속한 형상을 "하늘에 있는 천사들과 같을 것이다"라고 하셨다.

6) 55-58절을 다 같이 소리 내어 읽어 봅시다. 부활의 진리를 통하여 바울 사도가 우리에게 주고자 하는 교훈은 무엇입니까? 부활의 신앙은 왜 우리에게 그처럼 중요한 것입니까?

사망은 죄의 집합체이면서 최종 결론이다. 그러나 주님의 부활로 사망은 극복되었다. 그래서 바울 사도는 사망에 대한 승리의 개가를 부르고 있다. 이것은 부활을 간접적으로 표현하는 말이다. 그러므로 바울은 성도들에게 흔들리지 말라고 부탁한다. 그리고 주의 일에 힘쓰라고 권면한다. 이 말 속에는 종말에 대한 희망뿐 아니라, 현재 여러 가지로 흔들리며 갈등을 겪고 있는 고린도 교인들에게 진리에 굳게 서서 항상 끝까지 주의 일에 힘쓰라고 하는 권고가 내포되어 있는데, 그 이유는 고린도 교인들에게 부활의 소망이 있기 때문이다.

(3) 중심 낱말과 개념 찾기

(4) 본문과 관련된 다른 성서구절과의 관계 고찰하기

사도행전 4장 5-22절과 본문과의 연결점을 찾아 이야기를 나누어 봅시다.

사도행전 4장 5-22절에는 베드로와 요한이 성전 미문에 앉아서 구걸하던 사람을 고쳐 주었다는 이유로 산헤드린 앞에서 재판을 받는 내용이 기록되어 있다. 대적자들은 베드로와 요한에게 "무슨 권세와 누구의 이름으로 이 일을 행하느냐?" 고 물었고, 베드로는 그들에게 "너희가 십자가에 못 박고 하나님이 죽은 지 기운데서 살리신 나사렛 예수 그리스도의 이름으로 이 사람이 건강하게 되어 너희 앞에 섰느니라(행 4:10)" 고 분명히 밝힌다. 또한 베드로는 "우리는 보고 들은 것을 말하지 아니할 수 없다(행 4:20)" 라고 말한다. 이 말을 들은 대적자들은 베드로와 요한 앞에서 당황해 하며 그들을 놓아 준다. 만약 베드로가 부활한 예수 그리스도를 경험하지 못했다면 이처럼 담대할 수 없었을 것이다. 바울도 이 베드로처럼 자기가 만난 부활한 그리스도를 고린도 교회에 담대히 선포하고 있다.

📖 요한계시록 21장 1-8절과 본문을 연결해서 읽어 보면서 무엇이 느껴지는지를 나누어 봅시다.

🔑 요한계시록 21장 1-8절의 내용은 최후에 이뤄질 새 예루살렘을 묘사한 모습이다. 모든 것은 다 사라져 버렸다. 그리고 이제 거룩한 성 새 예루살렘이 하나님으로부터 하늘에서 내려온다. 이 새 예루살렘은 하나님께서 만드신 새로운 세계이다. 3절의 내용으로 보아 이곳은 하나님의 장막으로써 하나님께서 구원받은 백성들과 함께 거하실 곳이다(계 21:3). 그러나 요한계시록 21장 2절은 이 새 예루살렘을 "신부로써 신랑에게 인도되는 여자의 모습으로" 그리고 있기 때문에 이것은 새로운 하나님의 도성이면서 동시에 그 안에 구원받은 성도들이 함께 거하는 장소임을 연상케 한다. "저희는 하나님의 백성이 되고, 하나님은 친히 그들과 함께 계셔서 모든 눈물을 그 눈에서 닦아 주시니 다시는 사망이 없고 애통하는 것이나 곡하는 것이나 아픈 것이 다시 있지 아니하리니 처음 것들이 지나갔다"(계 21:3하-4).
바울은 이러한 모습을 마치 눈으로 직접 생생하게 보듯이 부활 후에 구원받은 성도들이 각각의 영광을 입고 하나님과 함께 영원히 살 것을 말하면서 믿음에 굳게 서서 흔들리지 말고 살기를 강하게 권고한다.

(5) 메시지 찾기

1) 제1메시지:

2) 제2메시지:

3) 제3메시지:

(6) 본문을 재구성하기

* 오늘 공부를 마치면서, 본문의 내용을 여러분의 말로 간단하게 기록해 봅시다.

휴식(10분)

4. 본문으로 세상 읽기 (20분: 소그룹으로)

* 아래의 '나 읽기', '교회 읽기' 그리고 '세상 읽기' 중 한 가지를 선택하여 대화를 나누십시오.

(1) 본문으로 '나' 읽기

1) 여러분은 예수님의 부활을 믿습니까? 어떻게 부활을 믿게 되었는지를 이야기해 봅시다.

2) 부활이 여러분의 신앙에 미치는 실제적인 영향은 무엇입니까? 여러분의 삶을 구체적으로 살펴보면서 이야기를 나누어 봅시다.

(2) 본문으로 '교회' 읽기

1) 어떤 성도는 교회를 이용하여 자기들의 이익을 도모하는 사람들을 바라보면서, "그들이 과연 부활을 믿는 사람들인가?"라고 말했습니다. 이 성도의 말에 대한 여러분들의 생각은 어떤지를 이야기해 봅시다.

2) 부활 신앙과 헌신은 정비례 합니다. 한국 교회 기독교인들의 헌신으로 보아서 얼마나 부활 신앙이 확실하다고 생각하십니까? 만약 부활 신앙이 약하다면 왜 그렇게 되었는지도 나누어 봅시다.

(3) 본문으로 '세상' 읽기

1) 세상의 소망과 부활 소망은 어떻게 다른지? 왜 이 둘은 갈등을 일으키는지를 나누어 봅시다. 또 기독교의 부활신앙이 왜 인간 사회에 강한 충격을 주지 못하는지도 이야기해 봅시다.

2) 인류 문화의 멸망의 역사를 살펴보면, 인간적인 소망은 결국 인간을 불행하게 만드는 요인이 되고 만다는 사실을 알게 됩니다. 그 이유를 나누어 봅시다.

5. 삶으로 엮어 내기(20분: 소그룹으로)

* 4번에서 선택한 항목만 토론하시오.

(1) '나'의 삶에 적용하고 실천할 수 있는 방안 모색하기

* 우리의 신앙에 있어 부활 신앙이 살아나야 하고, 부활이 궁극적 소망이 되어야 합니다. 부활 신앙을 우리 신앙의 뿌리로 만들기 위해서는 무엇을 어떻게 해야 하는지를 구체적으로 나누어 봅시다. 그리고 실천하도록 하루하루 힘씁시다.

(2) '교회' 삶에 적용하고 실천할 수 있는 방안 모색하기

* 교회가 세상의 소망보다는 하늘나라의 소망으로 가득 차야 합니다. 어떻게 해야 하늘나라의 소망으로 교인들의 가슴을 채울 수 있을까를 나누어 봅시다.

(3) '세상'의 삶에 적용하고 실천할 수 있는 방안 모색하기

* 우리 사회에는 극단적 이기주의가 팽배해 있습니다. 자기에게 이익이 되면 좋고, 손해가 되면 악이라고 생각하는 사회 속에서 그리스도인들은 신앙의 행동 지침을 분명히 세우고 살아야 하는데, 어떤 것부터 분명히 해야 하는지를 서로 이야기해 봅시다.

6. 소그룹 마무리(10분: 소그룹으로)

1) 참여자들은 인도자에 대한 평가서를 작성하여 인도자에게 줍니다.

2) 그날 소그룹활동에 대한 평가와 소감을 나눕니다.

7. 마무리하기(10분: 대그룹으로)

1) 해결하지 못한 사항에 대한 질문과 대답하기

2) 소그룹 공부를 통해서 결정했던 실천사항들을 대그룹에서 발표합시다.

3) 인도자가 그날 성경공부를 인도한 소감을 간단히 발표합니다.

4) 수업에 대한 종합적 평가

＊ 고린도전서 성경공부를 통하여 여러분이 특별히 깨달았거나 새롭게 결단한 내용이 있으면 종이에 적고, 서로 나누어 읽어 봅시다. 그리고 그룹의 결론을 맺어 발표해 봅시다.

5) 기도로 마무리합니다.